AF599631

CATARATA

Deusto
Centro de Ética Aplicada
Etika Aplikatuko Zentroa

AYALA MAQUEDA ALDASORO

Doctora en Derechos Humanos: Retos Éticos, Sociales y Políticos por la Universidad de Deusto, con la tesis *Rendición Social de Cuentas y género en la Comunidad Autónoma Vasca: evaluación de las experiencias de interacción de Emakunde con el movimiento de mujeres y feminista vasco*. Es licenciada en Humanidades (con mención en Filosofía e Historia de las Religiones) y titulada en el Máster en Ética para la Construcción Social. Sus trabajos de investigación se han centrado en la rendición social de cuentas desde la perspectiva de género y en las interacciones entre los organismos de igualdad y los movimientos de mujeres y los movimientos feministas.

IZASKUN SÁEZ DE LA FUENTE ALDAMA

Profesora e investigadora del Centro de Ética Aplicada de la Universidad de Deusto. Se doctoró en Ciencias Políticas y Sociología (especialidad en Ciencias Políticas) en la Universidad del País Vasco en 2001, con la tesis *El Movimiento de Liberación Nacional Vasco, una religión de sustitución* (2002). En la línea de investigación sobre conflictos y culturas de paz, estudia los procesos sociales, políticos y culturales asociados a la violencia de motivación política en Euskadi, en los que, con una clara motivación ético-política, otorga un lugar central a las víctimas. Participa desde sus inicios en 2018 en la Comunidad de Aprendizaje sobre Memoria, Educación Histórica y Construcción de Paz en Euskadi. Anteriormente, dirigió el proyecto interdisciplinar "Memoria, ética y justicia: la extorsión y la violencia de ETA contra el mundo empresarial (2012-2016)", que obtuvo el accésit del Premio UD-Banco Santander de Investigación (2017) y que ha conseguido colocar en la agenda pública una dimensión de la violencia de ETA que había resultado especialmente invisibilizada.

Research ID: Web of Knowledge: R-1052-2018/ orcid.org/0000-0001-9099-2653.

Ayala Maqueda Aldasoro
e Izaskun Sáez de la Fuente Aldama

De la resistencia al reconocimiento: la difícil travesía de las asociaciones y fundaciones de víctimas

Izaskun Sáez de la Fuente y Ángela Bermúdez
(editoras de la colección)

COLECCIÓN MEMORIA E HISTORIA DEL CONFLICTO
Y LA VIOLENCIA EN EUSKADI

ESTA COLECCIÓN SE PRODUCE CON EL APOYO DE UN CONVENIO ENTRE EL GOBIERNO VASCO Y LA UNIVERSIDAD DE DEUSTO PARA EL DESARROLLO DEL PLAN DE CONVIVENCIA, DERECHOS HUMANOS Y DIVERSIDAD (2021-2024).

DISEÑO DE CUBIERTA: MIKEL LAS HERAS

DE LA RESISTENCIA AL RECONOCIMIENTO: LA DIFÍCIL TRAVESÍA
DE LAS ASOCIACIONES Y FUNDACIONES DE VÍCTIMAS

ISBN: 978-84-1067-425-7
DEPÓSITO LEGAL: M-17.862-2025
THEMA: JPWL/JPWS/JKVV

IMPRESO POR ARTES GRÁFICAS COYVE

ÍNDICE

SOBRE LA COLECCIÓN

Una década después del alto el fuego definitivo de Euskadi Ta Askatasuna (ETA), las personas jóvenes en Euskadi —la primera generación que no ha sufrido en carne propia la violencia— manifiestan tener pocos espacios seguros en los que preguntar, conversar y discutir sobre el tema.

La presente colección editorial busca promover en las nuevas generaciones una comprensión crítica de la historia de conflicto y violencia vivida en Euskadi en las últimas décadas. Está dirigida, principalmente, a las personas jóvenes, a los ciudadanos y ciudadanas de a pie que se interesan por estas cuestiones, pero también al profesorado en ejercicio o en formación y a las personas que, desde distintas organizaciones públicas y privadas, quieren fomentar el respeto de los derechos humanos y el cultivo de la paz y de la convivencia.

Este es un proyecto de la Comunidad de Aprendizaje sobre Memoria, Educación Histórica y Construcción de Paz en Euskadi, una iniciativa del Centro de Ética Aplicada de la Universidad de Deusto que, desde sus inicios en 2018, ofrece un espacio de diálogo y reflexión interdisciplinar e intergeneracional sobre el pasado violento de Euskadi. En su primera fase de trabajo (2019-2021), la Comunidad se dedicó a explorar, con jóvenes de distintos perfiles ideológicos, las preguntas y reflexiones que ellas y ellos se hacen acerca de la violencia de motivación política vivida. De manera recurrente manifestaron que les surgen preguntas que no tienen dónde plantear y que hacen reflexiones que no pueden contrastar con otras personas. Sienten el peso de un "silencio heredado y autoimpuesto" en la familia, las cuadrillas, la escuela y la comunidad.

A la persistencia de este silencio ha contribuido la idea de que, para promover la paz y la convivencia, lo mejor es pasar página, olvidarse del pasado y mirar solo hacia el futuro. Pero no se puede construir el futuro de espaldas al pasado. Por ello, en su actual fase de trabajo, la Comunidad de Aprendizaje ha reunido a un grupo de historiadores expertos en la temática, filósofos y científicos sociales expertos en el análisis ético de la violencia y pedagogos expertos en educación histórica, para colaborar en la producción de esta colección.

Cada uno de los libros de la colección profundizará en una cuestión histórica o ética que hemos identificado como especialmente relevante para interrogar críticamente los relatos que las personas jóvenes tienen sobre la historia del conflicto vasco y de la violencia. Se trata de una estrategia pedagógica narrativa que, siguiendo la senda de Penélope, propone destejer con cuidado y volver a tejer con conciencia la memoria social de un pasado sangrante y doloroso. En ella, la visibilización y la exploración crítica de los mitos, los sesgos y las sobresimplificaciones que sirven para justificar la violencia marcan el punto de partida de una doble dinámica de *historización de la memoria* y de *memorialización de la historia*. Con ella se busca mejorar la comprensión que las personas tienen de la complejidad de los fenómenos históricos, encarnar el pasado en la experiencia de las víctimas y, así, activar el potencial de la historia para desnormalizar y deslegitimar la violencia.

INTRODUCCIÓN

Durante décadas, la sociedad vasca y la sociedad española han sufrido las graves consecuencias de diversas formas de violencia de motivación política. Siguiendo el enfoque de la colección centrado en su deslegitimación, este libro estudia aquellas agrupaciones que surgieron con el fin de defender los derechos de sus víctimas. En concreto, su objetivo es analizar la trayectoria de las asociaciones y fundaciones de víctimas y su contribución al proceso de construcción de paz y convivencia.

Hasta el momento, no se ha reconocido suficientemente el daño injusto que han padecido las víctimas y se ha infravalorado la labor realizada por las asociaciones que las representan. Un estudio impulsado en 2013 señalaba que casi la mitad de las víctimas encuestadas (42%) consideraba que para la sociedad vasca ellas no eran importantes y más de la mitad (53%) creía que generaban incomodidad entre la ciudadanía (Varona, 2013: 85). Asimismo, en el Sociómetro Vasco de 2014 sobre paz y convivencia, el 56% de las personas consultadas, al valorar la trayectoria de las asociaciones de víctimas, afirmaron que estaban demasiado politizadas frente al 20% que estimaban que lo que hacían era defender legítimamente sus derechos (Gobierno Vasco, 2014: 26). En sucesivas oleadas (2013-2017), el DeustoBarómetro pedía a la ciudadanía que valorase las aportaciones de determinados actores a la consecución de una paz definitiva en el País Vasco. Es muy preocupante que la Asociación Víctimas del Terrorismo (AVT) obtuviera casi siempre la puntuación más baja, por detrás del Gobierno Vasco, de fuerzas políticas como el Partido Nacionalista Vasco (PNV) y Euskal Herria Bildu (EH Bildu), de las asociaciones en defensa de los presos e incluso, en determinados momentos del periodo estudiado, de la propia organización terrorista (DeustoBarómetro Social, 2017: 45).

Este análisis de la trayectoria del movimiento asociativo de víctimas puede contribuir a la deslegitimación de la violencia en la medida en que muestra el carácter resiliente de las víctimas y subraya su contribución a los procesos de paz, desmontando la idea ampliamente extendida de que las víctimas y sus asociaciones son un obstáculo para la convivencia. Para ello, en un primer momento, estudia su surgimiento y trayectoria. A continuación, explica las tareas cotidianas que suelen realizar este tipo de agrupaciones y su legado en la defensa de los derechos de las víctimas a la verdad, a la justicia y a la reparación. Por último, el texto aborda algunas de las principales controversias y tensiones que se han producido en el seno de dicho movimiento y en la sociedad en general.

ACTIVIDAD 1

Este libro analiza el movimiento asociativo de víctimas. Trata de reflexionar sobre las siguientes cuestiones:

- ¿Conoces alguna organización de víctimas? ¿Cuál/es?
- ¿Qué piensas sobre el trabajo que realizan?
- ¿Crees que han hecho alguna contribución significativa al proceso de paz y de reconstrucción de la convivencia en Euskadi? ¿Cuál/es?

Si desconoces las respuestas, pregunta a personas de tu entorno.

1. SURGIMIENTO Y EVOLUCIÓN

Este capítulo recorre el surgimiento y la evolución del movimiento asociativo de víctimas del terrorismo desde los orígenes de ETA hasta su autodisolución en 2018. El análisis considera algunos aspectos clave del contexto histórico que permiten comprender su desarrollo: la evolución de la estrategia violenta de ETA, la actitud de la ciudadanía vasca y española hacia las víctimas, la respuesta de las instituciones autonómicas y estatales a la violencia terrorista y los avances legislativos en materia de derechos de las víctimas. Asimismo, se detiene en la labor de aquellas asociaciones que han tenido un papel más visible en la defensa de los derechos de las víctimas a la verdad, a la justicia y a la reparación y en la contribución a la construcción de la paz.

En esta mirada retrospectiva se diferencian dos etapas. La primera se desarrolla entre el surgimiento de la organización terrorista y finales de la década de los ochenta, cuando concluyó el periodo conocido como los años de plomo, la etapa más mortífera de ETA. Esta primera fase se caracterizó por la invisibilización casi total de las víctimas y por el nacimiento de las primeras asociaciones, así como por las limitadas muestras de apoyo de las instituciones públicas hacia ellas. La segunda se inicia en la década de los noventa, con la consolidación del movimiento pacifista, y finaliza con la autodisolución de ETA (2018). En este periodo se produjo un cambio en la estrategia violenta de la organización terrorista, que recibió el nombre de socialización del sufrimiento por la diversificación del perfil de las víctimas y por el uso intensivo de la violencia callejera. En esta época, las víctimas recibieron un mayor apoyo social y político, que se tradujo en la proliferación de medidas legislativas, y creció el número de asociaciones y fundaciones.

INVISIBILIZACIÓN DE LAS VÍCTIMAS Y SURGIMIENTO DE LA AVT (1959-1989)

ETA se fundó en 1959, pero su primer asesinato no ocurrió hasta 1968, cuando mató a José Antonio Pardines, un guardia civil gallego destinado en Gipuzkoa, que fue tiroteado tras detener a dos miembros de ETA, Txabi Etxebarrieta e Iñaki Sarasketa, en un control de tráfico. Desde ese momento hasta 2010, año en el que la banda terrorista perpetró su último atentado contra el policía francés Jean-Serge Nérin, ETA acabó con la vida de 864 personas. Además, el historial criminal de la organización cuenta con miles de personas amenazadas y extorsionadas, 84 secuestradas y 2.600 heridas (López Romo, 2023b). Esta última cifra, aunque suele pasar desapercibida, refleja el sufrimiento injusto de quienes, a consecuencia de las secuelas de sus agresiones, vieron sus vidas gravemente truncadas.

Las primeras víctimas de la violencia terrorista fueron, fundamentalmente, miembros de las Fuerzas de Seguridad del Estado (FSE). En toda su trayectoria, ETA asesinó a 357 miembros de las FSE: 207 guardias civiles y 150 policías nacionales —además de a 15 agentes de la Ertzaintza y un *mosso d'esquadra*—. De estos asesinatos, 102 (29%) ocurrieron en las décadas de los sesenta y setenta (Intxaurbe, Urrutia y Vicente, 2021: 14-18). Las FSE eran percibidas por ETA y por su entorno social y político como "fuerzas de ocupación" y principales enemigas del pueblo vasco.

En sus dos primeras décadas (1960-1980), el fenómeno terrorista en Euskadi y en España estuvo socialmente poco o nada contestado (Mateo, 2018: 21). Durante la transición a la democracia, las víctimas y sus familiares eran ignoradas tanto por la sociedad en su conjunto como por las instituciones públicas (Domínguez, 2017: 140), sufriendo las que pertenecían a las FSE una especial invisibilización: "Desde los funerales casi clandestinos —rápidos y con féretros que entraban y salían por la puerta de atrás de las iglesias— hasta el abandono institucional de los familiares, fueron numerosos los modos en que dicha invisibilización se expresaba socialmente" (Bilbao y Sáez de la Fuente, 2023: 19). Las muestras de rechazo público contra la violencia solían limitarse al entorno cercano de las víctimas. Sin embargo, en algunas ocasiones también recibían el apoyo de otros miembros de las Fuerzas Armadas, la Policía o la Guardia Civil, que participaban en manifestaciones coincidentes con los funerales de las personas asesinadas y que, en determinados casos, cuestionaban el proceso de democratización en marcha, alegando su ineficacia en la lucha contra ETA (Merino, 2013: 23).

A comienzos de la década de los ochenta se creó la primera asociación en España para visibilizar y apoyar a las víctimas de la violencia terrorista: la Asociación Víctimas del Terrorismo (AVT). Dicha entidad surgió en 1981, durante los llamados años de plomo, que abarcaron toda la década de los ochenta. Se trata de la etapa más mortífera de ETA y que provocó que entre 1979 y 1980 hubiese un total de 173 víctimas, lo que equivale a una persona asesinada cada cuatro días (Herrero, 2021: 138-139). La AVT fue fundada por tres mujeres —Ana María Vidal-Abarca, Sonsoles Álvarez de Toledo e Isabel O'Shea—, quienes, tras perder a sus maridos a manos de la organización, decidieron unirse para dar voz y luchar por los derechos de todas las personas afectadas por el terrorismo en España. Su objetivo inicial era ayudar a las viudas de los asesinados por ETA, con frecuencia amas de casa, las cuales quedaban en una situación de desamparo total, fruto del estigma social y del silencio institucional que afectaban tanto a Euskadi como al conjunto del Estado (Castells, 2017: 81). Así lo narra Ana María Vidal-Abarca:

> Nuestro comienzo fue tremendo. Nadie nos hacía caso. Pensaban que éramos unas extremistas furiosas, y tuvimos que demostrar que

éramos unas personas llenas de sentido común que lo único que queríamos era ayudar. Pretendíamos que todas esas viudas que dejaba ETA en aquella época se sintieran acogidas, se conocieran entre ellas, se apoyaran (Europa Press, 2015).

Las fundadoras de la AVT, que en la actualidad cuenta con más de 4.800 asociados, fueron las pioneras de una extensa lista de mujeres —en general, familiares de varones asesinados— que protagonizaron y lideraron la lucha por el reconocimiento de los derechos de las víctimas del terrorismo. Estas mujeres, que consiguieron resignificarse para defender sus derechos y contribuir a la deslegitimación de la violencia terrorista, han asumido el rol de verdaderas "damas de la memoria" (Pérez, 2021).

En la primera mitad de los ochenta se organizaron grandes movilizaciones de rechazo tras los asesinatos del ingeniero de Lemoiz José María Ryan (1981), el capitán de farmacia Martín Barrios (1983) y el senador socialista Enrique Casas (1984). Sin embargo, la falta de conciencia de la peligrosidad de ETA y la percepción de que la autonomía y la consolidación de la democracia traerían consigo poco a poco el fin del terrorismo hizo que las movilizaciones no se sostuvieran en el tiempo. Asimismo, ETA siguió contando con la simpatía de una parte significativa de la población vasca que veía en ella una especie de vanguardia democrática y progresista (Merino, 2013: 26). Desde esta perspectiva, dichos sectores responsabilizaban al Gobierno central de los atentados cometidos por ETA, como si el terrorismo fuese una mera violencia de respuesta (Sáez de la Fuente y Bermúdez, 2025). La irrupción de los Grupos Antiterroristas de Liberación (GAL), que tenían como propósito acabar con el terrorismo de manera ilegítima y que asesinaron a un total de 27 personas entre 1982 y 1987, contribuyó, en parte, a reforzar y difundir esta percepción victimista (Castells y Sáez de la Fuente, 2025).

En la segunda mitad de los ochenta aumentó paulatinamente la reacción social y política en contra del terrorismo y la solidaridad con sus víctimas. Diversos sectores de la sociedad como estudiantes universitarios, activistas del movimiento antimilitarista y jóvenes vinculados a grupos parroquiales comenzaron a movilizarse para romper con el silencio y la apatía social. En esta etapa surgieron los primeros movimientos pacifistas que se organizaron para mostrar su rechazo frontal a la violencia terrorista (Sáez de la Fuente y Bermúdez, 2025: 14). En 1985 nació Itaka —una iniciativa que sentó las bases de lo que sería Gesto por la Paz— y un año después, en 1986, se constituyó la Asociación por la Paz. Tales entidades nacieron en un contexto en el que la imagen de ETA comenzaba a deteriorarse por su mayor letalidad.

Entre 1986 y 1987, la organización llevó a cabo sus tres atentados más brutales. El 14 de julio de 1986, ETA hizo estallar una bomba en la plaza de la República Dominicana (Madrid) que mató a 12 guardias civiles —que tenían entre 18 y 26 años— e hirió a 45 personas. Un año más tarde, el 19 de julio de 1987, se produjo el mayor crimen de la organización terrorista cuando esta colocó un coche bomba en el aparcamiento de un supermercado Hipercor, en Barcelona. 21 personas fueron asesinadas —entre las que se encontraban cuatro niños— y 45 resultaron heridas. La magnitud de este atentado y su naturaleza indiscriminada alteraron la percepción de sectores de la sociedad que hasta el momento se habían mostrado tibios frente a la violencia terrorista de ETA. Unos pocos meses más tarde, el 11 de diciembre de 1987, ETA hizo explotar un coche bomba junto a la casa cuartel de la Guardia Civil en Zaragoza. La explosión acabó con la vida de 11 personas, seis de ellas menores de edad, y casi 90 personas resultaron heridas (Ceberio, 2018).

En el plano institucional, se alcanzaron los primeros pactos estatales y autonómicos de repulsa contra el terrorismo, como el Acuerdo de Madrid (1987) —aprobado en el Congreso de los Diputados— o el Acuerdo por la Paz y la Tolerancia de Navarra (1988). Ambos documentos realizaban un llamamiento explícito a la ciudadanía para que, de manera individual o colectiva, emprendiesen acciones pacíficas de rechazo a la violencia de ETA. El primero de ellos, un acuerdo entre los partidos políticos para acabar con el terrorismo, paradójicamente no hacía alusión alguna a las víctimas. El segundo se limitaba a declarar la necesidad de brindar apoyo a las personas afectadas: "Sostenemos que las instituciones deben prestar todo su apoyo a aquellas personas que sufran los efectos de la violencia. Esa ayuda debe ser expresión de solidaridad hacia los afectados al tiempo que firme réplica humanitaria que testimonie la actitud de la sociedad frente a las agresiones del terrorismo" (Pacto de Navarra, 1988).

En 1988 también se aprobaron las primeras medidas autonómicas de protección a las víctimas del terrorismo en Euskadi y Navarra (Mateo, 2021: 39). El Gobierno Vasco puso en marcha un plan de ayudas que ofrecía apoyo económico, sanitario y educativo a empresas y particulares afectados por atentados. El plan concedía préstamos a particulares, becas de estudio y comedor y ayudas al transporte. También preveía la concesión de créditos puente a empresas y comercios para que pudiesen seguir con su actividad mientras recibían las indemnizaciones del Consorcio de Compensación de Seguros, la entidad pública que se encargaba de ofrecer compensaciones por siniestros de riesgos extraordinarios como el terrorismo (Gorospe, 1988). Por otra parte, en 1988 se firmó el Pacto de Ajuria Enea, uno de los principales acuerdos entre las fuerzas políticas vascas —excepto Herri Batasuna (HB), referente electoral del entorno de ETA— de rechazo unánime a la organización terrorista y de recuperación de las libertades democráticas. Aun así, llama la atención que el documento solo citara a las víctimas en una ocasión y que no realizara una reflexión expresa sobre su papel en la reconstrucción de la paz y de la convivencia (Castells, 2017: 81).

SOCIALIZACIÓN DEL SUFRIMIENTO Y PROLIFERACIÓN DE ASOCIACIONES DE VÍCTIMAS (1990-2018)

A principios de los noventa se consolidó el movimiento por la paz con el surgimiento de nuevas organizaciones como Denon Artean (1991), Movimiento contra la Intolerancia (1991), Elkarri (1992) o Bakea Orain (1994). Estas entidades nacieron en un contexto que, a pesar de todo, seguía marcado por la falta de empatía hacia las víctimas de ETA y por la legitimación de la violencia terrorista:

"Muchos de los atentados no tenían una respuesta social y apoyos claros, cosa que sí lo tenían las detenciones o muertes de terroristas durante este periodo" (Mateo, 2018: 22).

En 1995 se inauguró la etapa de socialización del sufrimiento, en la que se combinaban los atentados de ETA con la violencia callejera de su sector juvenil (*kale borroka*). La organización puso en su punto de mira a afiliados, líderes y cargos electos de partidos no nacionalistas, pero también a profesores universitarios, intelectuales, artistas, periodistas, empresarios y juristas. Con esta estrategia, ETA perseguía atacar el pluralismo de la sociedad vasca y aumentar su presión social sobre la ciudadanía para que esta exigiese a sus representantes políticos que negociasen con ella (Rivera y Sáez de la Fuente, 2025: 38). En dicho escenario nacieron la Asociación Andaluza de Víctimas del Terrorismo (1995) —la primera organización de carácter autonómico— y las primeras fundaciones en memoria de víctimas asesinadas por ETA, fruto de la estrategia de violencia de persecución, como la Fundación Profesor Manuel Broseta (1992) y la Fundación Gregorio Ordóñez (1995).

ACTIVIDAD 2

Investiga quiénes eran Manuel Broseta y Gregorio Ordóñez, en qué contexto y, según el argumentario de la organización terrorista, por qué razones fueron asesinados.

En 1996 se aprobó en España el primer texto con rango de ley dirigido a amparar a las víctimas del terrorismo: la Ley de la Comunidad de Madrid 12/1996, de 19 de diciembre, de Ayudas a las Víctimas del Terrorismo. Un año después, el trágico secuestro y posterior asesinato de Miguel Ángel Blanco, de 29 años, concejal del Partido Popular (PP) en Ermua, desencadenó una ola de repulsa social sin precedentes. El 10 de julio de 1997 ETA secuestró al edil del PP con el objetivo de que el ejecutivo de José María Aznar, el entonces presidente del Gobierno español, acercase a 600 presos de la organización a cárceles vascas. Durante las 48 horas que duró el secuestro de Miguel Ángel Blanco, la ciudadanía salió masivamente a las calles para exigir su liberación. Aproximadamente, seis millones de personas se movilizaron y se convocaron 1.500 manifestaciones en pueblos y ciudades de toda España (Gil, 2022). Tras el asesinato, por no ceder el Gobierno al chantaje, el movimiento popular de repulsa fue bautizado como el Espíritu de Ermua y provocó la formación de plataformas como el Foro de Ermua (1998), Jóvenes por la Paz (1998), ¡Basta Ya! (1999) o Foro El Salvador (1999). Además, se crearon nuevas fundaciones de víctimas como la Fundación Miguel Ángel Blanco (1997), la Fundación Alberto Jiménez-Becerril (1998) o la Fundación Tomás Caballero (1998) (Mateo, 2018: 23).

Sin embargo, esta ola de rechazo no fue unánime. El 13 de julio, fecha en la que ETA asesinó a Miguel Ángel Blanco, la portada del periódico *Egin*, vinculado a la izquierda *abertzale*, expresaba: "El Gobierno no se movió y ETA disparó contra el edil del PP". El diario declaraba en su editorial: "[...] la responsabilidad última es, sin duda, de quienes teniendo todos los instrumentos para, cumpliendo con la ley, evitar hechos como estos, los desprecia" (Zarzalejos, 2011: 4). Por tanto, *Egin* responsabilizaba al Gobierno español del asesinato de Miguel Ángel Blanco por no acceder a las exigencias de ETA. Esta lectura ilustra la división que continuaba latente dentro de la sociedad vasca, en la que ciertos sectores seguían justificando y legitimando la violencia terrorista. Esta fractura quedó todavía más patente el 12 de septiembre de 1998, cuando los sindicatos, partidos políticos y agrupaciones nacionalistas —junto con Izquierda Unida (IU)— firmaron el Pacto de Estella (o Lizarra), que excluía a un sector significativo de la sociedad vasca y anulaba la pluralidad de visiones del país (Rivera y Sáez de la Fuente, 2025: 41).

El 28 de noviembre de ese mismo año nació en Euskadi el Colectivo de Víctimas del Terrorismo (COVITE), fundado nuevamente por tres mujeres —Consuelo Ordóñez, Teresa Díaz Bada y Cristina Cuesta— que habían sufrido la violencia terrorista de ETA y de los Comandos Autónomos Anticapitalistas, una escisión de la primera, con el respaldo de más de 200 familias. Nos encontramos en un contexto en el que el Pacto de Estella facilitó la declaración de tregua por parte de ETA y generó expectativas de negociación política sobre todo en entornos nacionalistas, donde proliferaron voces a favor del diálogo y la reconciliación. En su manifiesto fundacional, COVITE expresaba su profunda preocupación por que las tesis de la negociación y de la reconciliación triunfasen a costa de los derechos de las víctimas. Esta asociación consideraba que, tras haber perdido injustamente a sus seres queridos, se les exigía una predisposición favorable al perdón, a la reconciliación y al olvido.

Manifiesto de las Víctimas del Terrorismo

(Donostia, 28 de noviembre de 1998)

Ante la expectación creada por el anuncio de tregua de la organización terrorista de ETA, las víctimas de la violencia y del terrorismo vascas firmantes del manifiesto y representándonos exclusivamente a nosotras mismas queremos expresar lo siguiente: durante más de treinta años la sociedad vasca y el resto de la sociedad española han sufrido los avatares del horror terrorista y de otros actos de violencia relacionados con este tipo de delitos. Miles de personas víctimas del terror hemos visto truncadas nuestras vidas por la utilización fanática de la violencia a favor de una falsa liberación del pueblo vasco. Aunque determinadas iniciativas han intentado paliar la situación de las víctimas del terrorismo, en general la solución ha sido insuficiente. Existen víctimas con problemas económicos, dificultades de reinserción laboral y atención psicosocial.

Cada víctima tiene su particular anecdotario de horror producido no solamente por los terroristas, sino por el abandono y el olvido de instituciones que nunca se han preocupado por ellas. Especialmente, muchas víctimas han vivido con agravio que la Comisión de Derechos Humanos del Parlamento vasco jamás se haya interesado por ellas cuando sí por los asesinos y sus colaboradores. Asimismo, denunciar la indiferencia de la Iglesia vasca durante todos estos años de práctica terrorista.

ETA ha sido la principal protagonista de la historia de terror iniciada hace ya demasiados años, pero no podemos olvidar que otros grupos terroristas, como Triple A, Batallón Vasco-Español, GAL, Comandos Autónomos Anticapitalistas y grupos incontrolados de violencia callejera, han sembrado el horror y el sufrimiento entre nosotros.

Nuestra postura es clara y nace de la repulsa ante cualquier utilización de la vida humana como moneda de cambio: no necesitamos salvadores de ningún color e ideología, nos repugna el terrorismo y el contraterrorismo, cualquier violencia ilegal, ilegítima e ilícita no sujeta a control y delimitación por un Estado democrático.

Las víctimas del terrorismo no son responsables de treinta años de asesinatos. Los únicos responsables son los asesinos y sus cómplices. Conseguir ventajas políticas a costa de los crímenes cometidos supondría decir a los asesinos que es rentable matar y a las víctimas que el asesinato, la intimidación, etcétera, han servido para algo y que, por lo tanto, estaban justificados.

Se exige a las víctimas generosidad, perdón y olvido, y nunca se ha exigido a los asesinos que reconozcan sus crímenes. Sobre el olvido no es posible edificar la paz. La reconciliación no significa tampoco perdón y olvido, sino justicia para todos. Los terroristas en ningún momento han admitido que se han equivocado eligiendo durante treinta años la vía de la violencia para imponer sus ideas totalitarias en contra de lo que los habitantes del País Vasco votábamos en las urnas. No se habla de la falta de libertad e intimidación a la que nos han sometido, pero por el contrario sí se apunta a que las víctimas tienen que ser generosas y comprensivas, presentándonos como paradigmas del odio sin recordar que ninguna víctima ha practicado la venganza.

No podemos soportar que los que han matado o ayudado a matar se ufanen de lo que hicieron, que consideren acciones heroicas los crímenes y que llamen héroes a nuestros asesinos. Hay que reconocer la verdad de lo que ha sucedido. [...] Nuestra opinión ha de ser tenida en cuenta y tenemos que estar informados de cada paso que se dé en la solución del problema. Nos sentimos manipulados cuando intentan presentarnos como protagonistas de la reconciliación. Es imposible reconciliarse con quien no pide perdón, ni tan siquiera reconoce el daño causado. ¿Qué instancias eclesiásticas, políticas o sociales se están ocupando de convencer a los presos terroristas que pidan perdón a sus víctimas? Sin abandono definitivo de la violencia y del terrorismo, sin reconocimiento del daño causado y sin atención a las víctimas es imposible la reconciliación. A partir de estos tres supuestos será cada víctima la que decidirá si quiere llevar a efecto esta reconciliación. No queremos ser también víctimas de la paz.

Fuente: COVITE (1998).

ACTIVIDAD 3

- ¿Cuáles crees que son las razones que esgrime el manifiesto para la fundación de COVITE?
- ¿Qué crees que significa la última frase "No queremos ser también víctimas de la paz"?
- ¿Qué papel otorga el manifiesto a las víctimas y a los victimarios en la paz y en la reconciliación? ¿Estás de acuerdo con él o no? Justifica tu postura.

Al final del milenio comenzó una etapa más intensa de rechazo social, político y legislativo hacia el terrorismo de ETA. Los esfuerzos de las víctimas y de sus asociaciones contribuyeron al desarrollo de leyes antiterroristas y de protección a las víctimas. En 1999 se aprobó la primera ley estatal para protegerlas y ampararlas: la Ley 32/1999, de 8 de octubre, de Solidaridad con las víctimas del terrorismo. En su exposición de motivos subrayaba que las víctimas del terrorismo encarnaban los valores de la convivencia, la tolerancia y la libertad, y las definía como "el más limpio paradigma de la voluntad colectiva de los ciudadanos en pro de un futuro en paz que se ha de construir desde el diálogo, el consenso y el respeto recíproco entre las diversas opciones políticas que ostentan la representación legítima de la ciudadanía" (BOE, 1999: 3). La norma determinaba que las víctimas eran aquellas personas que habían padecido actos de terrorismo o hechos perpetrados por individuos o grupos de individuos integrados en bandas o grupos armados que actuaban con el objetivo de alterar la paz y la seguridad ciudadana. La Ley 32/1999 ofrecía indemnizaciones económicas, distinciones honoríficas, exenciones de tasas académicas y ayudas para financiar tratamientos médicos derivados de los estragos del terrorismo.

TABLA 1

INDEMNIZACIONES CONTEMPLADAS EN LA LEY 32/1999

SUPUESTOS	CUANTÍA (€)
Fallecimiento	138.232,78
Gran invalidez	390.657,87
Incapacidad permanente absoluta	96.161,94
Incapacidad permanente total	48.080,97
Incapacidad permanente parcial	36.060,73

Fuente: BOE (1999: 8-9).

A partir de 1999, todos los atentados cometidos por la organización recibieron una respuesta ciudadana e institucional con la convocatoria de paros y concentraciones por parte de todos los niveles de la Administración pública. Entre 1999 y 2005 se crearon 17 nuevas entidades de apoyo a las víctimas del terrorismo, que completaron la labor que ya realizaban las ocho organizaciones existentes (Mateo, 2021: 42). Entre ellas, cabe destacar la Fundación Víctimas del Terrorismo (FVT), que nació en diciembre de 2001 en el marco del Acuerdo por las Libertades y contra el Terrorismo consensuado entre el Partido Popular, que gobernaba España en aquel momento, y el principal partido de la oposición, el Partido Socialista Obrero Español (PSOE). Dicho pacto, a diferencia de los mencionados anteriormente, subrayaba el papel esencial que las víctimas debían desempeñar en el restablecimiento de la paz y recogía el compromiso de impulsar una fundación en la que estuviesen representadas las agrupaciones de víctimas existentes. La FVT nació como una entidad pública y de ámbito estatal. Además de ese carácter público, lo que distingue a esta fundación del resto de organizaciones es que surgió para aglutinar a las asociaciones y fundaciones de víctimas, reconocer su pluralidad de voces y servir como un punto de encuentro para canalizar los intereses comunes de todas ellas (Caballero, 2021: 142-143).

Acuerdo por las Libertades y contra el Terrorismo
(8 de diciembre de 2000)

Las víctimas del terrorismo constituyen nuestra principal preocupación. Son ellas quienes más directamente han sufrido las consecuencias del fanatismo y de la intolerancia. Sabemos que la democracia nunca podrá devolverles lo que han perdido, pero estamos dispuestos a que reciban el reconocimiento y la atención de la sociedad española. La Ley de Solidaridad con las Víctimas del Terrorismo ha sido una expresión unánime y cualificada de su reconocimiento moral y material. Pero nuestras obligaciones no han terminado. Debemos esforzarnos por preservar su memoria, por establecer un sistema de atención cotidiana y permanente. Su colaboración con la sociedad española en la batalla contra el terrorismo sigue siendo necesaria ya que nadie mejor que las víctimas para defender los valores de convivencia y respeto mutuo que quieren destruir aquellos que les han infligido tal sufrimiento. Para promover esa colaboración, ambos partidos nos comprometemos a impulsar, junto con las asociaciones de víctimas, la creación de una fundación en la que estén representadas dichas asociaciones que coordinará sus actividades con las fundaciones ya existentes.

Fuente: PP y PSOE (2000).

En 2003 se impulsó una modificación de la Ley 32/1999 que, en lo que se refiere a las distinciones, determinaba que "las mencionadas condecoraciones en ningún caso podrán ser concedidas a quienes, en su trayectoria personal o profesional, hayan mostrado comportamientos contrarios a los valores representados en la Constitución y en la presente ley y a los Derechos Humanos reconocidos en los tratados internacionales" (BOE, 2003: 9736). Este matiz introduce la compleja figura del victimario-víctima: una persona que ha sido víctima del terrorismo, pero que en su trayectoria también ha vulnerado los derechos humanos de otros individuos (Bilbao, 2009; Castells y Sáez de la Fuente, 2025: 62). La modificación no negaba a estas personas su derecho a recibir una compensación material, pero determinaba que no debían ser reivindicadas públicamente. Esto es especialmente interesante en el contexto español si se tiene en cuenta que algunas víctimas del terrorismo también han sido victimarios por su vinculación con ETA, grupos de extrema derecha, violencia policial y parapolicial o terrorismo de Estado.

A partir de 2004, muchas comunidades autónomas impulsaron sus propias leyes de amparo a las víctimas del terrorismo. La Comunidad Valenciana fue la primera en hacerlo (2004) y la siguieron muchas otras como Extremadura (2005), Euskadi (2008), Aragón (2008), Murcia (2009), Navarra (2010), Andalucía (2010), Castilla y León (2017), La Rioja (2018) y Cantabria (2023) (Mateo, 2018: 14).

En dicho contexto de avances legislativos se realizaron cinco encuestas en el conjunto del Estado que mostraban que la ciudadanía valoraba de forma diferente el apoyo que las víctimas habían recibido de la sociedad española y de la sociedad vasca. Alrededor del 60% de las personas encuestadas manifestaba que la sociedad española sí había apoyado mucho o bastante a las víctimas, mientras que solo entre el 25 y el 30% consideraba que la sociedad vasca había hecho lo mismo (Euskobarómetro, 2006, 2007 y 2008). Este juicio tan diferente puede reflejar un cierto sesgo de percepción en función del cual se sobrevaloraba la respuesta de la ciudadanía española y se presuponía una extendida identificación de la ciudadanía vasca con los postulados nacionalistas y su connivencia directa o indirecta con ETA.

En Euskadi, la Ley 4/2008, de 19 de junio, de Reconocimiento y Reparación a las Víctimas reconocía su papel fundamental en la construcción de la convivencia y la obligación de las instituciones públicas de impulsar medidas de solidaridad que contrarrestasen la invisibilidad y la incomprensión sufridas durante décadas. La ley consideraba víctimas a aquellas personas que hubiesen sufrido actos violentos por parte de individuos que, a título individual o formando parte de una organización, actuaron con el objetivo de alterar gravemente la paz y la seguridad ciudadana. Una de sus principales novedades fue que, además de referirse a las graves vulneraciones de derechos humanos cometidas por ETA, también mencionaba explícitamente a las víctimas de la violencia ejercida por grupos de extrema derecha y por los GAL. Esta norma desplegaba, por un lado, los principios éticos y políticos que vertebran los derechos de las víctimas. En primer lugar, detallaba los derechos de las personas afectadas por el terrorismo a la justicia, a la dignidad, al reconocimiento y a la reparación. En segundo lugar, desarrollaba los derechos compartidos por las víctimas y por el conjunto de la sociedad vasca a la verdad y a la memoria. Y, por último, definía los derechos de toda la ciudadanía a la paz, a la libertad y a la convivencia. Por otro lado, dicho reglamento integraba medidas asistenciales que buscaban dar respuesta a los problemas cotidianos de las víctimas en ámbitos como la salud física y psicológica, la educación y la formación, la vivienda o el empleo. Se establecieron también prestaciones económicas dirigidas a cubrir daños ocasionados por las acciones terroristas en viviendas, vehículos, sedes de partidos políticos, sindicatos y organizaciones sociales y establecimientos industriales y comerciales; a la implantación de sistemas de seguridad o a gastos de alojamiento provisional (Muñagorri y Pérez, 2014: 35).

La Ley 4/2008 reconocía el derecho de las víctimas a la participación e impulsaba el surgimiento del Consejo Vasco de Participación de las Víctimas del Terrorismo, que tendría como objetivo "canalizar la participación de las víctimas en todas aquellas cuestiones que les incumban, y proponer a las administraciones públicas la puesta en marcha de políticas concretas en este campo" (BOPV, 2008: 17324). Asimismo, definía los agentes que participarían en dicho órgano de forma paritaria: las administraciones públicas vascas, el movimiento asociativo y fundacional de víctimas del terrorismo con sede en la Comunidad Autónoma Vasca (CAV) y los movimientos pacifistas vascos. La norma también incorporaba una sección dirigida a impulsar las actividades del movimiento asociativo de víctimas que complementan los compromisos de reparación y de asistencia adquiridos en la propia ley. El sistema de protección y de asistencia provisto en ella fue completado dos años más tarde por el Decreto 290/2010, de 9 de noviembre, que lo desarrolló.

Entre 2006 y 2011 se fundaron 11 nuevas asociaciones, muchas de ellas de carácter autonómico (Mateo, 2021: 42). El nacimiento de organizaciones de víctimas en múltiples lugares de España refleja cómo el terrorismo de ETA afectó a todo el país, dejando víctimas en las diferentes comunidades autónomas. En este periodo también surgieron organizaciones dirigidas a colectivos especialmente castigados por el terrorismo y que reflejan las diferentes caras de la violencia de ETA. Por ejemplo, en 2006 nació la Asociación Cuerpos y Fuerzas de Seguridad del Estado Víctimas del Terrorismo, que representa a policías nacionales y guardias civiles víctimas de ETA y a sus familiares. Igualmente, en 2010 se fundó la Asociación de Ertzainas y Familiares Víctimas del Terrorismo (ASERFAVITE) para defender los derechos de los miembros de la policía autonómica vasca. Llama la atención que, a pesar de haber sido los principales damnificados desde los inicios de ETA, las FSE creasen sus propias organizaciones solo cuando el movimiento asociativo y fundacional de víctimas ya estaba consolidado. Por otro lado, en 2009 se creó la Asociación Zaitu pro víctimas de persecución, amenazadas y exiliadas por causa de ETA. Se estima que, en Euskadi, 3.300 personas tuvieron que ser protegidas por escolta porque temían por su integridad física. Esta es una consecuencia de la violencia terrorista menos visibilizada —y, en ocasiones, minimizada—, pero que tuvo consecuencias trágicas para las personas que la sufrieron: la pérdida de dosis significativas de libertad e intimidad, serias dificultades para mantener las relaciones personales, laborales y sociales o procesos de estigmatización (Intxaurbe, Urrutia y Vicente, 2021). Asimismo, muchas otras personas no pudieron soportar la persecución y las amenazas y tuvieron que huir del País Vasco, convirtiéndose en "transterrados" (Rivera y Mateo, 2022). No existe un informe oficial que determine la cifra exacta de personas que tuvieron que abandonar Euskadi, pero se estima que, desde la década de los ochenta, su número podría variar desde 60.000 a más de 200.000 (Cuesta *et al.*, 2011: 41). Las personas amenazadas no gozaban del mismo estatus jurídico que quienes fueron víctimas directas de un atentado. Precisamente, uno de los logros de Zaitu fue que los amenazados fueran incluidos en la Ley de víctimas del terrorismo.

El 22 de septiembre se aprobó la segunda ley estatal de apoyo a las víctimas: la Ley 29/2011, de 22 de septiembre, de Reconocimiento y Protección Integral a las Víctimas del Terrorismo. La norma subraya el significado político de las víctimas porque "simbolizan la defensa de la libertad y del Estado de derecho frente a la amenaza terrorista" (BOE, 2011: 6) y las caracteriza como referencias éticas para el sistema democrático. Según esta ley, son víctimas aquellas personas que sufrieron la acción terrorista llevada a cabo por personas o grupos criminales que tenían como objetivo "subvertir el orden constitucional o alterar gravemente la paz pública" (BOE, 2011: 12). Esta definición excluye a aquellos individuos que fueron víctimas de graves vulneraciones de derechos humanos como resultado de la violencia policial o parapolicial. Asimismo, los derechos de las víctimas de los GAL no siempre han estado plenamente garantizados. En 2014, el Gobierno español, encabezado por el Partido Popular, decidió denegar las subvenciones a 46 víctimas por "pertenecer al mundo de ETA". El entonces ministro del Interior, Jorge Díaz Fernández, se acogió al Convenio Europeo sobre Indemnización a las Víctimas de Delitos Violentos, que establecía que se podía reducir o suprimir la indemnización si la víctima había participado en una organización dedicada a perpetrar actos violentos (Europa Press, 2014).

La Ley 29/2011 se inspira en los principios de memoria, dignidad, justicia y verdad y busca ofrecer un apoyo integral a las víctimas. Para ello, proporciona condecoraciones e indemnizaciones económicas —aumentando su cuantía en comparación con las previstas en la primera ley estatal de 1999— y promueve una serie de derechos y ayudas relacionadas con la salud, el empleo, la vivienda o la educación. Asimismo, la ley impulsa medidas para proteger los derechos de las víctimas en los procesos judiciales, defender su honor y dignidad mediante una tutela institucional y regula el tratamiento de informaciones con el objetivo de garantizar su intimidad.

En lo que se refiere al movimiento asociativo y fundacional, la norma incorpora un segundo capítulo que reconoce la relevancia de las asociaciones de víctimas, que asegura su financiación futura y que acentúa desde el preámbulo la contribución de estas entidades a la deslegitimación de la violencia terrorista. Asimismo, en su artículo 57, la Ley 29/2011 regula la creación del Centro Nacional para la Memoria de las Víctimas del Terrorismo —con sede en la CAV— que tenía como objetivo "preservar y difundir los valores democráticos y éticos que encarnan las víctimas del terrorismo, construir la memoria colectiva de las víctimas y concienciar al conjunto de la población para la defensa de la libertad y de los derechos humanos y contra el terrorismo" (BOE, 2011: 26). Esta entidad, que finalmente asumió el nombre de Centro Memorial de las Víctimas del Terrorismo, nació en 2015 como una fundación del sector público estatal adscrita al Ministerio del Interior que integraba a representantes del Gobierno central y de las comunidades autónomas, de las Cortes Generales, del Ayuntamiento de Vitoria-Gasteiz (donde tiene su sede) y de las víctimas del terrorismo.

Uno de los elementos más criticados de esta ley fue la diferencia que establecía en las indemnizaciones en función de si había o no sentencia condenatoria. Soledad Becerril, como Defensora del Pueblo (2012-2017) y asumiendo las quejas de las víctimas y de sus asociaciones, recomendó equiparar las indemnizaciones "teniendo en cuenta el elevado número de víctimas de la organización terrorista ETA, que no dispone de sentencia condenatoria, así como las dificultades objetivas para que tal sentencia se pueda dictar y la conveniencia de tener en cuenta las reivindicaciones del amplio colectivo de víctimas sin sentencia que desearían ver equiparadas sus indemnizaciones a cargo del Estado a las de las víctimas con sentencia contra el autor o autores" (Defensoría del Pueblo, s.f.). La Defensoría alegaba, además, que las víctimas sin sentencia soportaban un doble sufrimiento: el producido por el crimen y el derivado de la ausencia de condena a los responsables. A día de hoy, su página web indica que la petición sigue en trámite. De ser así, muestra una dilación indebida que ataca flagrantemente el principio de justicia.

La violencia también ha dejado víctimas de violencia policial y parapolicial que han sido ignoradas por las instituciones públicas durante décadas, hasta que el Parlamento Vasco aprobó determinadas medidas legislativas en aras de impulsar su reconocimiento y reparación. Estas responden, al menos en parte, a una demanda de la propia sociedad vasca, ya que, según datos del Sociómetro de 2014 sobre paz y convivencia, el 60% de las personas encuestadas se mostraban insatisfechas con el apoyo y el reconocimiento social e institucional recibido por las víctimas de abusos policiales y parapoliciales (Gobierno Vasco, 2014: 27).

En 2016, El Parlamento Vasco aprobó la Ley 12/2016, de 28 de julio, de reconocimiento y reparación de víctimas de vulneraciones de derechos humanos en el contexto de la violencia de motivación política en la comunidad autónoma del País Vasco. Esta iniciativa continúa la labor iniciada en 2012 con la aprobación del Decreto 107/2012, que perseguía combatir la impunidad y reparar el sufrimiento injusto padecido por víctimas de graves vulneraciones de derechos humanos ocurridas entre 1960 y 1978. La ley de 2016 amplía los plazos contemplados en dicho decreto y ampara las vulneraciones sucedidas entre 1978 y 1999, las cuales hubiesen prescrito sin la aprobación de esta norma.

La ley define como víctimas a todas aquellas personas que, fruto de una vulneración de derechos humanos, fueron asesinadas o vieron dañada su integridad física, psíquica, moral o sexual por parte de un funcionario público —en el desempeño o al margen de sus funciones— o por particulares que actuaban, bien en grupo o de forma aislada e incontrolada, en un contexto de violencia de motivación política. En su exposición de motivos, la norma pone en entredicho los principales argumentos que se han utilizado para justificar y legitimar la violencia de motivación política de cualquier signo: "Las acciones terroristas no justifican ni una sola vulneración que haya sido ejercida mediante abuso de poder, pero la existencia de vulneraciones de derechos humanos tampoco puede ser presentada como un enfrentamiento entre dos violencias provocado por un conflicto político" (BOPV, 2016: 4). La ley reconoce el derecho de las víctimas al reconocimiento público, a la verdad y a la reparación. Esta última se impulsa a través de compensaciones económicas y de provisión de asistencia sanitaria. No obstante, las víctimas de la violencia policial y parapolicial critican —con razón— que no se ha producido una equiparación en derechos con las víctimas de ETA y denuncian el injusto desequilibrio en las cuantías indemnizatorias. Como muestra la tabla 2, en la mayoría de los casos estas cuantías son la mitad para las víctimas de la violencia policial y parapolicial en comparación con las que reciben las de ETA y los GAL.

TABLA 2

COMPARATIVA DE LAS CUANTÍAS INDEMNIZATORIAS (EN EUROS)

SUPUESTOS	LEY 20/2011 (VÍCTIMAS DE ETA Y DE LOS GAL)	LEY 12/2016 (VÍCTIMAS DE OTRAS VULNERACIONES DE DERECHOS HUMANOS, INCLUIDA LA VIOLENCIA POLICIAL Y PARAPOLICIAL)
Por fallecimiento	250.000	135.000
Por gran invalidez	500.000	390.000
Por incapacidad permanente absoluta	180.000	95.000
Por incapacidad permanente total	100.000	45.000
Por incapacidad permanente parcial	75.000	35.000

Fuente: BOE (2011: 28) y BOPV (2016: 10).

Hasta el momento, el Ejecutivo español no solo no ha promulgado alguna normativa que incluya expresamente a este tipo de víctimas, sino que el Gobierno del Partido Popular, liderado por Mariano Rajoy, interpuso un recurso de inconstitucionalidad a la ley vasca. En la siguiente entrevista, Inés Núñez de la Parte, hija de Francisco Núñez, asesinado por la Policía en 1977, ilustra esta paradoja y las razones que subyacen a la misma.

Puedes ver la entrevista a Inés Núñez de la Parte en "Inés Núñez de la Parte: 'Hemos vivido amenazadas toda la vida'", https://n9.cl/sywmx.

Como se ha podido ver en párrafos anteriores, la promulgación de leyes de reconocimiento y de reparación de las víctimas ha sido, en buena parte, fruto de la presión y de la perseverancia de las víctimas y de sus asociaciones, que han colocado este asunto en el centro de la agenda pública combatiendo la indiferencia, la invisibilidad y los desequilibrios en el alcance del reconocimiento y de las indemnizaciones.

El 20 de octubre de 2011, tras más de cinco décadas, ETA anunció el cese definitivo de su actividad armada, y seis años y medio después, el 3 de mayo de 2018, comunicó su disolución definitiva. La organización terrorista tuvo que aceptar su derrota ante el Estado democrático y, más concretamente, ante las FSE. En este sentido, la resistencia y la valentía de las personas amenazadas, pero también de los grupos cívicos y las asociaciones de víctimas que se movilizaron en un clima de terror e incomprensión fueron determinantes (Domínguez, 2017: 10). Tras la derrota de ETA, surgieron cinco nuevas asociaciones: la Asociación-Plataforma de Apoyo Víctimas del Terrorismo (2012), la Asociación de Víctimas del Terrorismo de Castilla y León (2014), la Asociación SOS Víctimas España (2014), la Asociación Navarra de Víctimas del Terrorismo (ANVITE) (2018) y la Asociación Víctimas del Terrorismo por la Paz (VITEPAZ) (2018).

La creación de estas organizaciones pone de manifiesto que, a pesar del final de la violencia terrorista de ETA, los derechos de las víctimas a la verdad, a la justicia y a la reparación y la consecución de una convivencia pacífica en Euskadi siguen siendo asignaturas pendientes. Muestra de ello es hasta qué punto en el escenario post-ETA continúa abierto el debate sobre el reconocimiento debido a las víctimas. La declaración de ETA sobre el daño causado, previa a su autodisolución, y el comunicado de la FVT muestran las graves discrepancias que aún persisten sobre la concepción de las víctimas y sobre el alcance de la responsabilidad que deben asumir sus victimarios.

ETA al pueblo vasco: declaración sobre el daño causado (20 de abril de 2018)	**Comunicado de la Fundación Víctimas del Terrorismo en relación a la disolución de ETA (3 de mayo de 2018)**
[…] En estas décadas ha habido mucho sufrimiento en nuestro pueblo: muertos, heridos, torturados, secuestrados o personas que han tenido que ir al exilio. Un sufrimiento desmedido. ETA reconoce la responsabilidad directa que ha tenido en ese dolor, y quiere manifestar que algo así nunca debió suceder o que no debió prolongarse tanto en el tiempo, ya que hace mucho que este conflicto político e histórico necesitaba una solución democrática justa. De hecho, el sufrimiento en nuestro pueblo era grande antes de nacer ETA, y el dolor continúa incluso después de que ETA ha abandonado la lucha armada […] Las generaciones posteriores al bombardeo de Gernika heredamos aquella violencia y lamento, y nos corresponde a nosotros que las siguientes generaciones reciban un futuro muy diferente. Somos conscientes de que en este largo periodo de lucha armada hemos provocado mucho dolor, y muchos daños que no tienen solución. Queremos mostrar respeto a los muertos, heridos y víctimas que han causado las acciones de ETA, en la medida en que han resultado	[…] 1.- Tras medio siglo de existencia, años de sufrimiento y dolor, la unidad de los demócratas, el Estado de derecho y el incansable y magnífico trabajo de las Fuerzas y Cuerpos de Seguridad del Estado, también de la Judicatura y la Fiscalía, han hecho posible la derrota incuestionable de los asesinos. ETA no nos ha ahorrado ni un solo muerto. Mientras ha tenido capacidad para matar ha seguido haciéndolo de forma imperturbable […] 2.- Pero este no es el momento de pasar página o de poner punto y final. Si las víctimas del terrorismo hemos reaccionado de forma unánime a los últimos movimientos de ETA, es porque somos plenamente conscientes de sus constantes intentos de falsear la verdad, de imponer su relato, y prueba de ello son sus últimos comunicados, simples operaciones de propaganda. […] A todos nos corresponde contribuir al conocimiento de la verdad, y debemos hacerlo promoviendo un relato que evite equidistancias morales o ambigüedades y que recoja con absoluta claridad la

damnificados por el conflicto. Lo sentimos de verdad.

A consecuencia de errores o de decisiones que han resultado erróneas, ETA ha provocado también víctimas que no tenían una participación directa en el conflicto, tanto en Euskal Herria como fuera de ella. Sabemos que, empujados por las necesidades de todo tipo de la lucha armada, nuestra actividad ha perjudicado a muchos ciudadanos que no tenían ninguna responsabilidad. También hemos provocado entre los ciudadanos graves daños que no tienen vuelta atrás. Pedimos perdón a esas personas y a sus familiares [...]

[...] Para muchos ciudadanos vascos muchas de las cosas que han hecho las Fuerzas del Estado y las fuerzas autonomistas que han actuado junto a ellas han sido totalmente injustas, pese a utilizar el disfraz de la ley, y tampoco esos ciudadanos merecen ninguna humillación. En caso contrario, deberíamos interpretar que ha existido un daño justo que merece aplauso. ETA, en cambio, tiene otra posición: ojalá nada de eso hubiese ocurrido nunca, ojalá la libertad y la paz hubiesen echado raíces en Euskal Herria hace mucho tiempo [...]

existencia de víctimas y verdugos, sin que quepa ninguna justificación de los terroristas.

3.- Si quienes han formado parte de ETA y su entorno quieren verdaderamente iniciar una nueva etapa, no deben hacerlo con peticiones de perdón parciales como la manifestada el pasado 20 de abril en un comunicado execrable para las víctimas. Es del todo inadmisible que se pretenda diferenciar entre dos tipos de víctimas: las "ajenas al conflicto" y las que, en opinión de los terroristas, no lo eran. Esta falacia es inaceptable porque todas las víctimas de la banda asesina fueron inocentes. [...]

4.- [...] Exigimos que ETA colabore con la justicia para que todos y cada uno de esos asesinatos quede resuelto, para que todos y cada uno de los responsables cumpla su condena. Por la memoria y dignidad de las víctimas, justicia reparadora para sus familias.

5.- [...] Las víctimas no admitiremos que quienes causaron tanto sufrimiento y dolor pretendan encontrar atajos para eludir todas las consecuencias que nuestro ordenamiento jurídico prevé como respuesta a sus actos. No se puede, ni se debe, dejar de aplicar la LEY.

ACTIVIDAD 4

- Realiza un análisis comparativo entre las claves fundamentales de la declaración de ETA del 20 de abril de 2018 y del comunicado de la Fundación Víctimas del Terrorismo del 3 de mayo de ese mismo año.
- Reflexiona sobre a quiénes consideran víctimas y en qué medida proponen distinciones entre ellas y en el reconocimiento que unas y otras merecen.

2. FUNCIONES Y CONTRIBUCIONES AL RECONOCIMIENTO DE LAS VÍCTIMAS Y SUS DERECHOS

El movimiento de víctimas del terrorismo se divide, principalmente, en dos tipos de entidades: asociaciones y fundaciones. Más allá de las diferencias en su origen, funcionamiento, estructura o financiación, el movimiento asociativo y fundacional tiene como fin último la defensa de los derechos humanos —especialmente los de las víctimas y sus familiares— y la deslegitimación de cualquier forma de violencia terrorista. Las organizaciones son muy plurales, al igual que lo son las víctimas a las que representan, y muchas víctimas no pertenecen ni se sienten representadas por las agrupaciones existentes. A pesar de que todas ellas comparten un horizonte común, no todas realizan el mismo tipo de actividades. Como veremos a continuación, mientras que buena parte del trabajo de las asociaciones es de carácter asistencial, las fundaciones suelen centrarse en impulsar iniciativas formativas y de sensibilización, culturales y conmemorativas. Si bien las asociaciones suelen asumir algunas de las líneas de actuación más características de las fundaciones, estas últimas no suelen realizar las tareas asistenciales típicas de las primeras.

LABORES ASISTENCIALES

Las labores asistenciales son de vital importancia para la reinserción y reparación de las víctimas. La mayoría de las asociaciones ofrecen asistencia jurídica y administrativa para orientar a las personas asociadas en trámites judiciales y administrativos, ayudando a garantizar sus derechos a la verdad y a la justicia. Acompañan a las víctimas en momentos especialmente delicados como su comparecencia ante los juzgados de instrucción, las visitas a los médicos forenses o su participación en juicios orales. Por ejemplo, la AVT ha conseguido que la Audiencia Nacional se comprometa a evitar cualquier tipo de contacto entre las víctimas y los etarras, muchos de los cuales están ya excarcelados, tanto en la entrada a los juicios como en los pasillos (Hernández, 2025a). También se personan como acusación particular en juicios relacionados con atentados terroristas o apología del terrorismo, revisan sentencias y tratan de impulsar reformas legales en materia antiterrorista. Por otra parte, ayudan a las personas asociadas a realizar los trámites exigidos para conseguir los beneficios legales que les corresponden como víctimas del terrorismo (pensiones, indemnizaciones, becas, condecoraciones, etc.).

Las asociaciones funcionan como actores que exigen cuentas a las administraciones públicas, denunciando las posibles vulneraciones de derechos y la impunidad de una parte significativa de los crímenes de ETA, fruto de la falta de diligencia de las estructuras policiales y de los órganos judiciales. Ellas critican que la mayoría de los casos se cierran sin que se esclarezcan por completo porque se desconocen las autorías intelectuales o los cómplices y los colaboradores que participaron en los atentados (Agencia EFE, 2023). Por ello, también señalan como responsables de los crímenes a las personas que ocupaban la cúpula de la organización terrorista, las cuales seleccionaban a las víctimas y ordenaban lo que había que hacer con ellas. Consuelo Ordóñez, presidenta de COVITE, presentó en 2023 un informe en el Parlamento de Navarra que denunciaba que cerca de nueve de cada diez asesinatos perpetrados por ETA están sin resolver completamente. Este informe analiza 572 sentencias vinculadas a 362 atentados y 540 víctimas y concluye que únicamente se conoce a los autores intelectuales y materiales de 24 atentados en los que fueron asesinadas 76 personas (COVITE, 2018). Esta es una cuestión que vulnera gravemente los derechos de las víctimas a la verdad y a la justicia. Las asociaciones de víctimas han tratado de involucrar a instancias supranacionales y han trasladado sus quejas al Parlamento Europeo. Para favorecer el esclarecimiento de los casos, en 2022, la Eurocámara planteó que los atentados cometidos por ETA se considerasen crímenes de lesa humanidad para que, de este modo, no estuvieran sujetos a prescripción ni amparados por ningún tipo de amnistía (Baixauli, 2024: 164) y que se impulsasen medidas legales que facilitasen la colaboración de los miembros de la organización (Hernández, 2022).

La asistencia psicosocial es otro de los pilares fundamentales del movimiento asociativo de víctimas que contribuye a la reparación integral de las personas afectadas por el terrorismo. Las asociaciones son un canal privilegiado porque mantienen contacto directo con las víctimas y sus familiares. Estas brindan atención personalizada, abordando los distintos contextos personales y familiares, con el fin de que las víctimas puedan recuperar, en la medida de lo posible, su vida previa al atentado. Con este propósito, impulsan itinerarios formativos y de orientación laboral, pero también programas de ocio y tiempo libre destinados a estimular la creación de vínculos interpersonales. De igual forma, cuentan con personal especializado para detectar y tratar los problemas psicológicos y psiquiátricos, derivados del trauma generado por la victimaciones sufridas, que se prolongan durante toda su vida. El asesoramiento técnico y las terapias que ofrecen las asociaciones son de vital importancia, teniendo en cuenta que las víctimas y sus familiares sufren con mucha frecuencia estrés postraumático, trastorno depresivo, angustia, agorafobia o ansiedad, que en determinados casos deriva en tentativas de suicidio. Estas patologías afectan especialmente a las víctimas heridas y a los familiares de fallecidos —mujeres y personas jóvenes—, y exigen "asistencia y seguimiento psicológicos a corto y medio plazo, pero también a largo y muy largo plazo" (Gutiérrez, 2016: 348).

Con el mismo espíritu de contribuir a la reparación de las víctimas, la Dirección de Derechos Humanos y de Atención a Víctimas del Gobierno Vasco, en colaboración con la AVT, elaboran unos cuadernos de memoria que entregan a las distintas víctimas. En ellos se recoge la historia de cada persona asesinada, el contexto en el que el crimen se produjo, el estado en el que se encuentran los expedientes judiciales y material gráfico aportados por sus propias familias. También incluyen un mensaje institucional firmado por la consejera de Justicia que expresa el reconocimiento oficial del Ejecutivo vasco y subraya la injusticia de su muerte. Desde 2021, se han editado ya alrededor de 200 cuadernos, muchos de ellos sobre casos no resueltos y, por tanto, en los que no hay sentencia condenatoria (Hernández, 2025b).

ACTIVIDADES DE SENSIBILIZACIÓN SOCIAL Y CONCIENCIACIÓN PARA LA DESLEGITIMACIÓN DE LA VIOLENCIA TERRORISTA

Las asociaciones y fundaciones se esfuerzan en estar presentes en los medios de comunicación para que la perspectiva de las víctimas —sus derechos y necesidades— se sitúe en el centro del debate público. También realiza una importante labor de recopilación documental que ayuda a mantener la memoria viva para las futuras generaciones. Prueba de ello son las hemerotecas y videotecas disponibles en sus páginas webs, que contribuyen al ejercicio de la memoria colectiva. Asimismo, algunas participan activamente en programas de víctimas educadoras que acuden a los centros de Enseñanza Secundaria Obligatoria y Bachillerato y universidades para compartir su experiencia personal. Estos encuentros ayudan a combatir el muy escaso conocimiento que las personas jóvenes —las primeras generaciones que han crecido sin la violencia terrorista de ETA— tienen sobre el conflicto vasco, fruto de la escasa atención que se ha prestado a esta problemática en el ámbito educativo formal y familiar (Sáez de la Fuente, Bermúdez y Prieto, 2020: 87). Los testimonios de víctimas poseen un claro potencial pedagógico porque, al encarnar la injusticia padecida y las consecuencias traumáticas que tiene para sus vidas y las de sus familias, contribuyen a la deslegitimación del terrorismo con la esperanza de que en el futuro no vuelvan a cometerse hechos similares.

Las asociaciones y fundaciones también han contribuido a que la academia y la historiografía se hayan ocupado de hacer memoria y de contar lo ocurrido en Euskadi y en España (Arregui, 2021: 20). En esta línea, organizan jornadas, seminarios y conferencias centradas en el estudio del terrorismo y su deslegitimación, pero también, a modo de reparación simbólica, homenajes y eventos públicos en recuerdo de las víctimas (exposiciones fotográficas, conciertos, ciclos de cine, entregas de premios, etc.). En Euskadi y en España, una parte significativa de las fundaciones se constituyeron para rendir homenaje a víctimas mortales de la violencia terrorista de ETA que destacaron en vida por su trayectoria social, política o profesional y que fueron asesinadas principalmente en la etapa de socialización del sufrimiento. Estas entidades se centran en difundir valores democráticos y promover la memoria de las víctimas. Asimismo, algunas fundaciones favorecen la creación y transferencia de conocimiento mediante el impulso de proyectos y becas de investigación o la edición de revistas y monografías sobre cuestiones relacionadas con el terrorismo, los procesos de radicalización y la violencia. De manera más excepcional, algunas persiguen profundizar en el legado político y profesional de la víctima por la que surgieron. Este es el caso, por ejemplo, de la Fundación Manuel Giménez Abad —profesor universitario y líder del Partido Popular de Aragón, asesinado por ETA en 2001—, que se creó para contribuir a la investigación, el conocimiento y la difusión de la función del Parlamento y del modelo de distribución territorial del poder que representa el Estado autonómico. A su vez, la Fundación Luis Portero García nació en memoria del fiscal jefe del Tribunal Superior de Justicia de Andalucía, asesinado por ETA en el año 2000. Poco antes de morir, Portero García decidió donar sus órganos. Como respuesta a este gesto de solidaridad, tras su fallecimiento, su familia decidió crear una fundación que impulsase el estudio de la medicina paliativa y de la donación y trasplante de órganos.

En este intento de construir una memoria compartida que deslegitime la violencia terrorista, las asociaciones han tratado de combatir aquellos actos que minimizan el sufrimiento de las víctimas. En esta dirección, han liderado campañas de condena contra los homenajes públicos a miembros ETA y las bienvenidas que se producen cuando los presos son excarcelados —popularmente conocidos como *ongi etorris*—, y han emprendido procedimientos judiciales contra sus organizadores. Los colectivos de víctimas consideran que estos actos constituyen una exaltación del terrorismo y generan procesos de revictimización. La AVT, en su informe sobre el impacto psicológico que estos homenajes tienen en las víctimas, asegura que dichos actos refuerzan los sentimientos de injusticia y humillación, pero también la sensación de abandono por parte de las instituciones públicas (AVT, 2020). Además, denuncian que, desde el punto de vista legal, este tipo de actos incumplen la Ley 29/2011, porque su artículo 61.4 establece que las administraciones públicas "prevendrán y evitarán la realización de actos efectuados en público que entrañen descrédito, menosprecio o humillación de las víctimas o de sus familiares, exaltaciones del terrorismo, homenaje o concesión pública de distinciones a los terroristas" (BOE, 2011: 26-27).

Puedes ver el vídeo de Raúl López Romo sobre *ongi etorris*, "Ongi etorris - Glosario audiovisual de las víctimas del terrorismo", https://n9.cl/j7cfr.

Los procesos de revictimización que producen estos recibimientos son hoy tan evidentes que incluso el autodenominado Colectivo de Presas y Presos Políticos Vascos (EPPK) emitió un comunicado en 2021 pidiendo el fin de los mismos porque reconocía el dolor que generaba en las víctimas. A pesar de los esfuerzos de los colectivos de víctimas, estos homenajes continúan produciéndose en Euskadi, aunque, eso sí, de forma minoritaria.

EPPK zanja la polémica de los *ongi etorris*: 'Queremos ser recibidos de modo privado y discreto'

El Colectivo de Presas y Presos Políticos Vascos (EPPK) ha expresado de modo muy claro su posición sobre los *ongi etorris* y, de paso, pone fin a su tergiversación política [...]

"Ciertos agentes y partidos buscan irresponsablemente la confrontación en vez de la convivencia. No queremos alimentar ninguna polémica estéril, de ningún modo: tenemos la voluntad de actuar de modo constructivo y ser responsables.

[...] Pero quienes quieren impedir la paz y eternizar la imposición han buscado bloquear y sabotear cada paso adelante desde entonces, buscando la venganza y con voluntad de imponer un relato falaz que distorsione el conflicto. Alimentando el relato de vencedores y vencidos.

[...] Más allá de ello, hay personas que han expresado honestamente que sienten dolor con los *ongi etorris* públicos. Son personas damnificadas a consecuencia de las acciones de nuestra militancia del pasado y comprendemos que puedan sentirse dolidas. [...] Aun aceptando que la persona presa que sale a la calle tras largos años y condiciones durísimas en prisión tiene derecho a recibir el abrazo de sus allegados, [esas víctimas] han expresado que los actos públicos de recibimiento les provocan dolor. Decimos con claridad que nuestro deseo es aliviar todo sufrimiento y abrir nuevas opciones, ir sanando heridas y fortalecer la convivencia entre la ciudadanía vasca.

En consecuencia, tras consultar a nuestros compañeros y compañeras en cárceles españolas y francesas, y dando continuidad a otras decisiones tomadas y otros pasos anteriores, EPPK considera conveniente que nuestra alegría por quedar libres sea compartida con quienes nos esperan en la misma puerta de la cárcel o con quienes nos reciben de modo discreto [...] En lo sucesivo, solo queremos recibimientos en un espacio privado entre allegados [...] una aportación individual y colectiva que los presos y presas políticas vascas hacemos a la convivencia, a la paz y al reconocimiento del sufrimiento de los demás, además del nuestro y el de nuestros familiares" [...]

Fuente: *Egin*, 29 de noviembre de 2021.

ACTIVIDAD 5

- ¿Has visto o has tenido noticias de algún *ongi etorri* que se celebrara en los últimos años? ¿Qué piensas sobre estos actos? ¿Por qué?
- Pregúntales a personas de tu entorno por sus opiniones al respecto.
- ¿Cómo contrastan las distintas opiniones que has recogido con los planteamientos que Raúl López Romo expone en el vídeo y con el comunicado del autodenominado Colectivo de Presas y Presos Políticos Vascos?

Por último, existe una cuestión que no suele contar con una línea de acción específica en la gran mayoría de las asociaciones, pero que en realidad tiene una transcendencia significativa: la perspectiva de género. La Asociación Riojana de Víctimas del Terrorismo (ARVT) ha institucionalizado un área dirigida a la igualdad de género. Dicha sección se dedica a aplicar la perspectiva de género a las políticas y a los proyectos que impulsa su organización. Las relaciones entre género y violencia han pasado bastante desapercibidas en la literatura especializada y en la opinión pública, pero también en las estructuras y las líneas de intervención de las asociaciones. La lectura del terrorismo desde la perspectiva de género puede ayudar a identificar el sustrato patriarcal que alimenta a las bandas armadas y favorecer la deslegitimación de la violencia terrorista (Sáez de la Fuente y Maqueda, 2024: 9-10).

ETA asesinó a 58 mujeres —el 7% de las víctimas mortales— e hirió a centenares (Rodríguez, 2021). En la Transición y las primeras décadas de la democracia, las mujeres, fruto del modelo tradicional de feminidad, estuvieron relegadas al ámbito privado y carecieron de presencia en los sectores más castigados por la violencia terrorista. Sin embargo, muchas sufrieron las fatales consecuencias del terrorismo en calidad de viudas, madres, hermanas o hijas de asesinados por ETA, quedando totalmente desamparadas. Las mujeres tuvieron que afrontar el trauma y el dolor causados por el fallecimiento de sus maridos mientras criaban solas a sus hijos en un contexto de aislamiento social y estigmatización, mientras trataban de incorporarse al ámbito laboral.

A medida que las mujeres comenzaron a insertarse en distintas esferas profesionales y a asumir responsabilidades políticas, el número de mujeres asesinadas y sobre todo de perseguidas por la organización terrorista aumentó. Por otro lado, las mujeres han sido sujetos activos y principales líderes del movimiento asociativo y fundacional de víctimas, sin apenas apoyo social ni político:

> [Maite Pagazaurtundua insiste en que] el papel de las mujeres contra ETA es un fenómeno único de liderazgo femenino. Luchamos por visibilizar algo que estaba tapado. En los medios de comunicación no se hablaba de las víctimas, solo de los verdugos. Pero las viudas, hijas, madres, hermanas, no tuvimos miedo ni vergüenza a expresar nuestros sentimientos y mostrar nuestras heridas. Contamos las cosas como eran, mostramos la deshumanización del terrorismo, el silencio de la sociedad, y nadie nos echó una mano. Éramos mujeres, pero ningún grupo feminista nos apoyó, ni siquiera el Instituto de la Mujer (Rodríguez, 2021).

3. CONTROVERSIAS EN EL MOVIMIENTO ASOCIATIVO Y FUNDACIONAL DE VÍCTIMAS EN SU RELACIÓN CON LOS PARTIDOS POLÍTICOS

Las víctimas son muy diversas, al igual que las agrupaciones que las representan. Esta pluralidad ha generado controversias y fracturas dentro del movimiento asociativo y fundacional de víctimas. En este apartado se van a trabajar aquellas que tienen que ver con la instrumentalización política de las víctimas y con el reconocimiento o no de EH Bildu como interlocutor político legítimo.

Las víctimas tienen un significado político. Cada una de ellas, en la medida en que fueron asesinadas, heridas o perseguidas en nombre de un proyecto político violento, totalitario y excluyente, hacen visible el terror de ETA y encarnan de distintos modos los valores de la democracia y del Estado de derecho (Arregui, 2008: 210).

El significado político de las víctimas no debe confundirse con su instrumentalización. El uso partidista de las víctimas es una de las principales cuestiones que históricamente ha dividido al movimiento asociativo y fundacional. Dicha instrumentalización implica la capitalización del sufrimiento de las personas afectadas por el terrorismo con el objetivo de conseguir rédito político o electoral. Este fenómeno se produce cuando determinados partidos tratan de combatir a sus rivales políticos "adueñándose del papel de representante genuino o exclusivo de las víctimas, preocupándose más por ganar guerras culturales que por la diversidad del colectivo y la complejidad del pasado" (López Romo, 2023a). La instrumentalización política también acontece cuando personas que presiden asociaciones de víctimas se posicionan públicamente a favor de determinadas candidaturas o cuando algunas víctimas emprenden una carrera política y ocupan cargos relacionados con los derechos de las víctimas, pero en la práctica priorizan el beneficio de los partidos a los que pertenecen (Ordóñez, 2021: 153-154). Su instrumentalización política no solo ataca su pluralidad ideológica, comprometiendo la imagen pública de las organizaciones, sino que también banaliza el sufrimiento de las víctimas, pudiendo afectar a su bienestar psicológico y dificultar la superación de su victimización (Rodríguez y Loza, 2021: 174). En una encuesta de 2013, las víctimas consideraron que sus asociaciones y la sociedad civil eran los actores que más estaban contribuyendo a alcanzar un final del terrorismo que no las revictimizase. Mientras, los partidos políticos fueron, con mucha diferencia, los que peores puntuaciones recibieron. Además, las personas afectadas por el terrorismo exigían un mayor protagonismo en el espacio público, pero también advertían sobre los riesgos de su instrumentalización política (Varona, 2013: 80-83).

Sobre la instrumentalización política de las víctimas

[…] Los principios de Memoria, Verdad, Dignidad y Justicia que encarnamos las víctimas del terrorismo no tienen ideología política. La causa de las víctimas está por encima de las ideologías políticas y de los intereses partidistas, por lo que flaco favor harán a nuestra causa quienes intenten politizarnos, quienes busquen politizar la Memoria y la Justicia, ya que haciéndolo atacarán nuestra Dignidad. Quien se arrogue hablar en nombre de todas las víctimas estará cometiendo el mayor ataque a nuestra dignidad como víctimas. Nadie conoce cómo piensan y sienten la inmensa mayoría de víctimas, esas más de tres mil seiscientas víctimas que ha dejado el terrorismo en nuestro país entre muertos y heridos. Quienes intentan arrogarse esa falta de representación, totalmente inmerecida, siempre suelen ser políticos, y con un único propósito: instrumentalizarnos para sacar rédito en sus intereses partidistas […]

No hay que confundir el significado político de las víctimas de ETA […] con el hecho de que algunas víctimas decidan politizarse, bien porque decíden hacer carrera profesional en un determinado partido político o porque quieran posicionarse públicamente a favor de una opción concreta. Esta realidad se ve con frecuencia en nuestra vida pública: víctimas que deciden dedicarse a la política —lo que es totalmente respetable—, pero que a su vez son nombradas en puestos de representación y de gestión de los derechos de todas las víctimas del terrorismo. Esto hace mucho daño a nuestra causa porque es un ataque directo a la libertad ideológica y política de las víctimas por cuanto el resultado de esos nombramientos es que esas víctimas pasan a ser portavoces no de los derechos de las víctimas, sino del partido al que pertenecen. Es éticamente inaceptable que las víctimas que están en política activa ocupen ese tipo de puestos, porque los cargos que representan a todas las víctimas deberían ejercerse sin ningún sesgo político.

En este sentido, desgraciadamente hemos visto, también con mucha frecuencia, a presidentes de asociaciones de víctimas haciendo campañas electorales y pidiendo el voto para un partido determinado. Así, las asociaciones pierden su verdadera naturaleza, convirtiéndose en actores políticos y olvidando su condición de agentes sociales. Esto daña mucho a nuestra causa y traslada una imagen errónea de las víctimas, puesto que pasa a asociarse el hecho de ser víctimas del terrorismo con tener una ideología política determinada. Nada más lejos de la realidad. Considero necesario recordarlo en estos momentos tan delicados y de tanta polarización e intoxicación política para salvaguardar los principios de las víctimas.

Fuente: Ordóñez (2021: 152-154).

ACTIVIDAD 6

- ¿Cómo entiendes las diferencias entre reconocer el significado político de las víctimas e instrumentalizar políticamente a las víctimas?
- ¿Cuáles son las razones fundamentales que esgrime Consuelo Ordóñez para rechazar la instrumentalización?
- A tu juicio, ¿a quién beneficia y a quién perjudica este uso partidista? ¿Por qué?

La instrumentalización política de las víctimas comenzó a generar profundas fracturas a partir del año 2006. Estas brechas surgieron cuando algunas organizaciones como la AVT o Voces contra el Terrorismo convocaron numerosas manifestaciones secundadas por el Partido Popular y la Conferencia Episcopal. Los manifestantes exigían que se esclareciese lo ocurrido en los atentados yihadistas del 11M porque ponían en duda la versión oficial del Ejecutivo y protestaban contra las negociaciones que el entonces presidente del Gobierno español, José Luis Rodríguez Zapatero, inició con ETA después de que la organización declarase una tregua. En dichas movilizaciones participaron líderes destacados del PP y se lanzaron consignas en contra del Gobierno socialista y en apoyo a Mariano Rajoy, el entonces presidente del Partido Popular (*El País*, 2006). Algunas organizaciones de víctimas de Cataluña, Andalucía, Comunidad Valenciana y Euskadi mostraron públicamente su disconformidad y denunciaron la instrumentalización política del sufrimiento de las víctimas (Mateo, 2021: 440).

Recientemente, la instrumentalización política de las víctimas ha vuelto a provocar fisuras dentro de su movimiento asociativo y fundacional, fruto de una frase que popularizó Isabel Díaz Ayuso, presidenta de la Comunidad de Madrid y líder del PP en esa comunidad. Ayuso respondió a Juan Lobato, entonces secretario general del PSOE de Madrid, con la expresión "Que te vote Txapote", cuestionando que EH Bildu hubiese respaldado con sus votos la investidura de Pedro Sánchez como presidente del Gobierno. "Txapote" es el alias utilizado por el exdirigente de ETA Xabier García Gaztelu, que cumple condena por más de una decena de asesinatos, entre los que se encuentran los de Miguel Ángel Blanco, Gregorio Ordóñez o Fernando Buesa. Como respuesta, el Colectivo de Víctimas del Terrorismo, la Fundación Fernando Buesa y más de 20 víctimas emitieron un comunicado que denunciaba la crueldad de la frase y el dolor que generaba a las víctimas del terrorismo. A modo de réplica, la Asociación Dignidad y Justicia lanzó otro comunicado que apoyaba el uso de la expresión y que respaldaron más de un centenar víctimas.

Comunicado de denuncia contra el lema 'Que te vote Txapote'	**Más de cien víctimas de ETA defienden el uso de 'Que te vote Txapote'**
El Colectivo de Víctimas del Terrorismo (COVITE), la Fundación Fernando Buesa Blanco y varias víctimas de ETA a título individual hacemos un llamamiento a la sociedad y a la clase política para que no se utilice el lema "Que te vote Txapote", que supone una banalización del terrorismo y de los terroristas, porque, por un lado, resulta muy doloroso para muchas víctimas y, por otro, en razón de que en nada ayuda a la tarea de deslegitimación del terrorismo por la que trabajamos todos los días desde COVITE y la Fundación Fernando Buesa. Las entidades y personas firmantes de este comunicado recordamos que "Txapote" es el asesino de decenas de personas. Que las familias de sus víctimas tengan que escuchar su nombre machaconamente en un lema que menoscaba lo que supuso el asesinato de sus familiares es indigno y cruel, por lo que pedimos, una vez más, a la clase política y a la ciudadanía que dejen de utilizarlo. Pedimos respeto para la memoria de	Más de un centenar de víctimas del terrorismo etarra, entre las que se cuentan Marimar Blanco (PP), hermana del concejal "popular" Miguel Ángel Blanco, o Daniel Portero, presidente de Dignidad y Justicia (DyJ), han emitido […] un comunicado en el que respaldan que se use el lema "Que te vote Txapote" […] Y ello, explican, porque "estos días se cumplen 26 años del asesinato de Miguel Ángel Blanco, que dio su vida porque un Gobierno democrático no cedió al chantaje de ETA y se negó a acercar a presos al País Vasco". El terrorista que apretó el gatillo de aquel episodio fue Javier García Gaztelu, "Txapote", recuerdan. Además, manifiestan que avalan el uso de esta proclama porque "forma parte del derecho a la libertad de expresión del pueblo". "Es imposible erradicar del imaginario colectivo una expresión que ha nacido del pueblo. Ni podemos ni debemos hacerlo. Además, es lo que cientos de nosotras sentimos", sostienen.

nuestros familiares, así como para la pluralidad y diversidad del conjunto del colectivo de víctimas. La causa de la Memoria, Verdad, Dignidad y Justicia no tiene ideología política y debería mantenerse al margen de la patrimonialización y la polarización partidista, por lo que exigimos que ningún partido político se arrogue nuestra representación ni nos imponga cómo tenemos que sentirnos las víctimas. La utilización partidista de la memoria del terrorismo va en la dirección contraria de la consideración a la dignidad de las víctimas, cuyo pluralismo se inscribe en la universalidad de su condición como tales.

Estamos en un momento difícil para la memoria del pasado del terrorismo, en el que la tentación del olvido y de pasar página sin haber abordado la tarea pendiente de la deslegitimación ética, social y política de ETA es muy grande. Si en este momento tan delicado se utilizan eslóganes viciados, como el lema en cuestión, se corre el riesgo de contribuir a la desvirtuación y a la desafección de esa memoria necesaria para la deslegitimación del

[…] si bien comprenden "que haya otras víctimas que puedan no sentirse representadas con la frase […] estas no deben hacerse con el monopolio del colectivo. […] Si ellas quieren defender lo que ha hecho Sánchez, allá ellas. Para nosotras, el comportamiento del presidente del Gobierno ha sido denigrante" […] En esta línea, han esgrimido que "la expresión 'Que te vote Txapote' es perfectamente descriptiva" porque, además de que "durante el mandato de Sánchez se ha acercado absolutamente a todos los presos que quedaban fuera al País Vasco y Navarra, se han transferido las competencias de prisiones, y se ha otorgado un papel clave en la gobernabilidad del Estado al brazo político de ETA, que aún en las pasadas elecciones presentó listas repletas de miembros de la banda terrorista".

Reprochan al Gobierno que, "en paralelo, Sánchez jamás ha querido siquiera reunirse con las víctimas del terrorismo para escuchar sus 'inquietudes' y que tampoco ha acudido a sus homenajes" […] Por todo ello, aducen, "entenderá perfectamente el presidente del Gobierno que 'Txapote' tenga motivos reales para votarle, porque es él y el resto de

terrorismo desde un consenso social amplio. Fuente: COVITE y Fundación Fernando Buesa (2023).	etarras los que han conseguido toda clase de privilegios y atenciones durante su legislatura. Y no las víctimas del terrorismo, que más bien al contrario hemos sido objeto de desprecios y ninguneos" [...] Fuente: *ABC*, 11 de julio de 2023.

ACTIVIDAD 7

Esta expresión la colocó en la discusión política y mediática Isabel Díaz Ayuso y posteriormente se popularizó entre un sector de la ciudadanía. Ello pone de manifiesto la incidencia que los discursos de los representantes políticos tienen en la opinión pública.

Realiza un análisis comparativo entre los dos comunicados, teniendo en cuenta los siguientes aspectos:

- ¿Quiénes respaldan cada comunicado?
- Los dos se refieren al impacto que el uso o la censura del eslogan "Que te vote Txapote" tiene en las víctimas. ¿Cómo lo argumentan? ¿Dónde están los puntos de controversia?
- ¿Cómo entiende cada uno de ellos la relación entre los partidos políticos, las instituciones públicas y las víctimas?
- ¿Qué valoración haces tú del uso de este tipo de expresiones por parte de las autoridades públicas? ¿Por qué? Contrasta tu opinión con la de otras personas de tu entorno.

Una parte significativa de las asociaciones y fundaciones de víctimas han cuestionado el rol que la izquierda *abertzale* está desempeñando en el proceso de paz y de reconstrucción de la convivencia. Son muy críticas con EH Bildu porque consideran que no ha condenado de manera explícita y tajante la violencia de ETA. Según Natividad Rodríguez y Jesús Loza (2021), la ausencia de esta autocrítica es un obstáculo insalvable para cualquier acercamiento político a la izquierda *abertzale*:

> Es imprescindible que los victimarios y sus apoyos desanden los caminos de la violencia para que sus víctimas puedan tender los puentes del perdón y la reconciliación. Ahí las fundaciones de víctimas pueden jugar un papel determinante en el establecimiento y vigilancia de lo que podríamos llamar "líneas rojas". Esto fue así en el final de ETA: no se pagó ningún precio político por su desaparición. Pero una vez desaparecida y legalizado Sortu, habría que asegurar el precepto político democrático de que no se formen Gobiernos ni acuerdos de legislatura con ellos mientras no hagan una autocrítica inequívoca de su anterior apoyo al terrorismo (Rodríguez y Loza, 2021: 173).

Un sector de asociaciones y fundaciones de víctimas no suele acudir al acto oficial que se celebra anualmente el 27 de junio con motivo del Día de las Víctimas del Terrorismo en el Congreso de los Diputados. En los últimos años, a la ausencia de estas asociaciones se suma también la de representantes del PP y Vox. Su inasistencia se debe principalmente a la presencia de EH Bildu en el hemiciclo y en los homenajes que se han realizado en los últimos años, pero también a su insatisfacción con la política antiterrorista del Gobierno, especialmente en lo relativo al acercamiento de presos a cárceles vascas. Estas asociaciones piensan que EH Bildu no debe considerarse un interlocutor político legítimo y que su presencia en los actos de memoria constituye un blanqueamiento de la formación política y del terrorismo de ETA (RTVE, 2023).

Esta fractura ha sido especialmente visible en la Comunidad Foral de Navarra. En enero de 2018 se produjo una escisión dentro de la Asociación Víctimas del Terrorismo. Algunas víctimas navarras de ETA decidieron salir de la AVT y constituir su propia asociación. Esta salida ocurrió después de que Alfonso Sánchez, el entonces presidente de la AVT, se reuniese con Uxue Barkos, líder de Geroa Bai, que en aquel momento gobernaba la Comunidad Foral de Navarra con el apoyo de los partidos políticos EH Bildu, Podemos-Ahal Dugu e Izquierda-Ezkerra (I-E). Determinadas víctimas aseguraron sentirse defraudadas con Alfonso Sánchez por colaborar con el Gobierno autonómico. A modo de respuesta, el presidente aseguró que en Navarra algunas personas afectadas por el terrorismo se debían a un partido político. Asimismo, equiparó esta escisión con las fracturas ocurridas en 2006: "Esto ya ocurrió en la AVT cuando en sus tiempos organizamos nueve manifestaciones contra el Gobierno de Zapatero y la respuesta fue crear asociaciones autonómicas afines para restar fuerza a la AVT" (Europa Press, 2018). Su acercamiento al Gobierno navarro generó mucho malestar en algunas víctimas, las cuales llegaron a boicotear los homenajes y eventos convocados por la asociación. En abril de ese mismo año, Alfonso Sánchez decidió no continuar en la Presidencia de la AVT (*Diario de Navarra*, 2018).

En esta línea, en 2024, el Partido Socialista de Navarra (PSN) propuso un convenio de colaboración entre el Ayuntamiento de Pamplona, encabezado por EH Bildu, y la FVT, que fue aprobado por todos los partidos —PSN, EH Bildu, PP, Geroa Bai y el Grupo Mixto—, excepto por la Unión del Pueblo Navarro (UPN), que decidió abstenerse (*ABC*, 2024). Dicho convenio ofrecía 5.000 euros a la FVT para financiar la ayuda asistencial a las víctimas y organizar campañas de sensibilización. El órgano de gobierno de la fundación decidió rechazar esta ayuda económica argumentando que se trataba de un intento de blanquear a EH Bildu y que no estaban dispuestas a aceptar dinero "manchado de sangre". Por el contrario, Consuelo Ordóñez, presidenta de COVITE, fue una de las personas que votó a favor, asegurando que el dinero no provenía de la formación política sino de los impuestos de la ciudadanía. Tras la negativa de la FVT, COVITE decidió aceptar dicha cuantía económica. Meses más tarde, el 7 de marzo de 2025, tuvo lugar la renovación de los miembros no permanentes del patronato de la fundación mediante un proceso de votación y la hermana de Gregorio Ordóñez perdió su puesto como vocal (Corbacho, 2025).

En medio de esta controversia, EH Bildu ha dado algunos pasos hacia el reconocimiento de las víctimas. Además de normalizar su presencia en los homenajes, algunas de sus declaraciones públicas, aun resultando claramente insuficientes, muestran un cambio en su visión del daño que la violencia de ETA ha provocado y en la empatía que expresan hacia el sufrimiento de las víctimas.

Así se manifiesta en su declaración con motivo del décimo aniversario del alto el fuego definitivo de ETA. Sin embargo, en ese mismo comunicado, la coalición no incluye ninguna condena expresa al protagonismo activo que la izquierda *abertzale* tuvo durante décadas en la legitimación de la violencia, en el acoso y en la intimidación contra todo aquel que pensara diferente y en el recibimiento como héroes y mártires a los miembros de ETA excarcelados o fallecidos.

Declaración de EH Bildu con motivo del décimo aniversario del alto el fuego definitivo de ETA (18 de octubre de 2021)

[…] Transitar hacia una paz justa y duradera necesita del reconocimiento y reparación de todas, absolutamente todas las víctimas. No nos olvidamos de ninguna de ellas. Hoy queremos hacer una mención específica a las víctimas causadas por la violencia de ETA. Queremos trasladarles nuestro pesar y dolor por el sufrimiento padecido. Sentimos su dolor, y desde ese sentimiento sincero afirmamos que el mismo nunca debió haberse producido, a nadie puede satisfacer que todo aquello sucediera, ni que se hubiera prolongado tanto en el tiempo. Debíamos haber logrado llegar antes a Aiete. Desgraciadamente, el pasado no tiene remedio, nada de lo que digamos puede deshacer el daño causado, pero estamos convencidos de que es posible al menos aliviarlo desde el respeto, la consideración y la memoria. Queremos decirles de corazón que sentimos enormemente su sufrimiento y nos comprometemos a tratar de mitigarlo en la medida de nuestras posibilidades. Siempre nos encontrarán dispuestos a ello […].

ACTIVIDAD 8

Tras la lectura de la declaración, analiza su planteamiento y el lenguaje que utiliza y compáralos con el comunicado emitido por ETA con motivo de su autodisolución en 2018 (véase página 32).

REFLEXIONES FINALES

Desde el primer asesinato de ETA (1968) hasta la creación de la primera asociación de víctimas (1981) transcurrió más de una década. Además, paradójicamente, la AVT tenia presencia en España, no en Euskadi, lugar en el que emergió la violencia etarra y donde el número de víctimas fue significativamente mayor. Aún mucho más tardío fue el reconocimiento por parte de las instituciones y de las leyes. Los primeros pactos contra la violencia datan de la segunda mitad de los ochenta. En ellos, o no hay referencia expresa a las víctimas o tienen un lugar muy subsidiario. Y en los decretos que preceden a las leyes aparecen como simples receptoras pasivas de unas ayudas bastante limitadas. Las leyes, tanto la vasca como la española —fruto en buena parte de la presión de las propias asociaciones—, implican un cambio de paradigma porque, entonces, las víctimas y sus asociaciones se convierten en sujetos activos e interlocutores legítimos, no solo para fomentar su reparación integral, sino también por el rol que, como encarnación de una memoria crítica, deben jugar en la construcción de la paz y de la convivencia.

Ninguna de las asociaciones ha asumido una actitud de venganza. Llevan años demostrando su capacidad de agencia para defender los derechos de las víctimas del terrorismo a la verdad, a la justicia y a la reparación, con frecuencia cubriendo lagunas de las instituciones públicas, y para que el conjunto de la sociedad vasca y española no vuelva a sufrir hechos similares en el futuro. Este movimiento ha desempeñado un papel fundamental, muchas veces incomprendido, de vigilancia sobre qué tipo de paz se estaba construyendo, con justicia y mirando críticamente al pasado o de espaldas a las víctimas y su sufrimiento y pretendiendo pasar página. Siendo conscientes de que en este libro no aparecen todas las organizaciones existentes, resulta relevante insistir en que la labor de cada una de ellas ha sido y sigue siendo imprescindible porque, aunque ETA ha desaparecido, las consecuencias de la violencia terrorista persisten y porque aún hay sectores de la sociedad vasca que continúan justificando el uso de la violencia para conseguir objetivos políticos.

Respecto al grado de reconocimiento, conviene diferenciar entre Euskadi y España. En el primer caso, actualmente existe una cobertura legal e institucional que ampara a los distintos tipos de víctimas, pero con un desajuste muy significativo en las cuantías indemnizatorias que perjudica significativamente a las de violencia policial y parapolicial, las cuales, además, solo han sido reconocidas a partir de la ley vasca de 2016. En la CAV, las víctimas de ETA tienen peor imagen que las del terrorismo de Estado o de la violencia policial y parapolicial, fruto de la concepción, en determinados núcleos de la población, de las FSE como "fuerzas de ocupación" y del propio Estado como "ilegítimo y opresor". Mientras, en España tienen reconocimiento legal las víctimas de ETA y del terrorismo de Estado, pero no las de violencia policial y parapolicial. No obstante, algunas víctimas de los GAL han sido objeto de controversias por su doble condición de victimario-víctima, lo que en determinadas ocasiones ha derivado en la privación de sus derechos.

Este desequilibrio se puede explicar hasta cierto punto por determinadas imágenes que buena parte de la ciudadanía española conserva: a) una visión muy positiva de las víctimas de ETA y de sus asociaciones; b) una tendencia a negar la posible existencia de prácticas abusivas y violentas por parte de las FSE, ya que ello comprometería su prestigio en la lucha contra un terrorismo que las ha castigado desproporcionadamente, y c) una identificación de las víctimas de la violencia policial y parapolicial con el entorno social y político de ETA. De ningún modo, reconocer la existencia de abusos policiales implica querer minar la imagen de las FSE, sino ser celosos con la protección de los derechos y de las libertades de la ciudadanía, incluso de aquellos que han vulnerado los de otros ciudadanos. Además, no todas las víctimas de violencia policial o parapolicial pertenecen al entorno social y político de ETA y, aunque así fuera, ello no justifica ningún tipo de vulneración de su dignidad y menos aún alegando razones de Estado.

La mayoría de las asociaciones se crearon bajo el liderazgo de mujeres familiares de las víctimas de ETA. Muchas de ellas lo tuvieron que hacer en un contexto profundamente hostil y todavía patriarcal, en el que las mujeres no estaban plenamente incorporadas al mercado laboral. Lo hacían para ayudar a otras mujeres que habían experimentado la misma pérdida injusta y que, frecuentemente, al desempeñar el rol exclusivo de amas de casa, se encontraban en situaciones de extrema vulnerabilidad, con pensiones de viudedad míseras y tratando de sacar adelante a sus hijos e hijas.

Las víctimas son plurales, al igual que las asociaciones y las fundaciones que las representan. Buena parte de las víctimas no se ha organizado y lucha por sus derechos al margen de estas agrupaciones. Dicha pluralidad no está exenta de tensiones. Uno de los prejuicios más extendidos es que las asociaciones de víctimas están instrumentalizadas políticamente, argumento que se utiliza en el debate público para demonizarlas. Tanto por razones éticas como por motivos estratégicos, las víctimas no deben ser instrumentalizadas por ningún actor político ni caer en la tentación de dejarse instrumentalizar. Tampoco se puede afirmar que cualquier pronunciamiento que emiten las asociaciones de víctimas es fruto de la influencia de una determinada fuerza política. El continuo recurso a esta afirmación se tiende a utilizar como excusa para menospreciar sus argumentos e invalidar sus demandas. Por otro lado, las víctimas tienen razones, pero no necesariamente la razón (con mayúsculas). Eso sí, quienes no lo somos y ocupamos puestos de responsabilidad en la academia, en la política, en los medios de comunicación, etc., debemos analizar críticamente nuestros planteamientos y propuestas, poniendo a las víctimas, y no nuestros intereses, en el centro.

BIBLIOGRAFÍA

ABC (2024): "Bildu ofrece a las víctimas del terrorismo dinero para sus actos y divide a las asociaciones", *ABC*, 3 de diciembre, https://n9.cl/a7pj6.

Agencia EFE (2023): "Covite denuncia que el 86% de los casos de asesinato de ETA están sin resolver 'completamente'", Cadena Ser, 14 de noviembre, https://n9.cl/lathn.

Arregui, Joseba (2008): "El significado político de las víctimas", II Jornadas Internacionales sobre terrorismo y antiterrorismo, Fundación Manuel Giménez Abad, Zaragoza, pp. 1-23.

— (2021): "Cómo hablar de las víctimas", en Antonio Rivera y Eduardo Mateo (eds.), *El movimiento de víctimas del terrorismo. El balance de una trayectoria*, Los Libros de la Catarata, Madrid.

AVT (2020): "La AVT realiza un informe sobre el impacto psicológico que producen los actos de recibimiento y homenaje a etarras en las víctimas del terrorismo", Asociación Víctimas del Terrorismo, 29 de abril, https://n9.cl/ep7w7.

Baixauli, Alberto (2024): "Los crímenes terroristas de ETA como delitos de lesa humanidad en el Derecho Penal español: el informe de misión del Comité de Peticiones del Parlamento Europeo de 22 de abril de 2022", *Revista de Estudios Jurídicos y* Criminológicos, nº 10, pp. 161-216.

Bilbao, Galo (2009): *Jano en medio del terror: la inquietante figura del victimario-víctima*, Bakeaz, Bilbao.

Bilbao, Galo y Sáez de la Fuente, Izaskun (2023): *Memoria de las víctimas: ¿víctimas de la memoria?*, Los Libros de la Catarata-DEUSTO, Madrid.

BOE (1999): Ley 32/1999, de 8 de octubre, de solidaridad con las víctimas del terrorismo, nº 242, 9 de octubre.

— (2003): Ley 2/2003, de 12 de marzo, de modificación de la Ley 32/1999, de 8 de octubre, de solidaridad con las víctimas del terrorismo, nº 62.

— (2011): Ley 29/2011, de 22 de septiembre, de Reconocimiento y Protección Integral a las Víctimas del Terrorismo, nº 229, 23 de septiembre.

BOPV (2008): Ley 4/2008, de 19 de junio, de reconocimiento y reparación a las víctimas del terrorismo, nº 124, 1 de julio.

— (2016): Ley 12/2016, de 28 de julio, de reconocimiento y reparación de víctimas de vulneraciones de derechos humanos en el contexto de la violencia de motivación política en la Comunidad Autónoma del País Vasco entre 1978 y 1999, nº 151, 10 de agosto.

Caballero, Tomás (2021): "Realidad actual del movimiento asociativo de víctimas del terrorismo. Retos y desafíos", en Antonio Rivera y Eduardo Mateo (eds.), *El movimiento de víctimas del terrorismo. El balance de una trayectoria*, Los Libros de la Catarata, Madrid.

Castells, Luis (2017): "Una reflexión sobre las víctimas en la historia contemporánea", en Eduardo Santamaría y Antonio Rivera (eds.), *Víctimas: ¿todas iguales o todas diferentes? Caracterización y respuesta ante un fenómeno complejo*, Fundación Fernando Buesa e Instituto Universitario de Historia Social Valentín de Foronda, Vitoria-Gasteiz.

Castells, Luis y Sáez de la Fuente, Izaskun (2025): *Guerra sucia y abusos de poder: la quiebra de los imperativos morales*, Los Libros de la Catarata-DEUSTO, Madrid.

Ceberio, María (2018): "ETA y el coche bomba: los atentados más sangrientos", *El País*, 30 de abril, https://n9.cl/ikm1l.

Corbacho, Javier (2025): "Consuelo Ordóñez se queda sin silla en la Fundación Víctimas del Terrorismo tras aceptar Covite una subvención de Bildu", *El Español*, 19 de marzo, https://n9.cl/eno96.

COVITE (1998): "Manifiesto de las víctimas del terrorismo", COVITE, 28 de noviembre de 1998.

— (2018): "COVITE advierte de que solo en 24 atentados de ETA se ha condenado a todos sus responsables", COVITE, 26 de noviembre, https://n9.cl/l9a9q.

COVITE y Fundación Fernando Buesa (2023): "COVITE y la Fundación Fernando Buesa Blanco hacen un llamamiento a la clase política y a la ciudadanía para que no se utilice el lema 'Que te vote Txapote'", 11 de julio, https://n9.cl/iepx6.

Cuesta, José Luis de la; Varona, Gema; Mayordomo, Virginia y San Juan, César (2011): *Proyecto Retorno*, Instituto Vasco de Criminología, Donostia.

Defensoría del Pueblo (s.f.): "Equiparación de las indemnizaciones a todas las víctimas del terrorismo con independencia de que haya existido sentencia condenatoria contra los autores del hecho", Defensor del Pueblo, https://n9.cl/l2l4j9.

DeustoBarómetro Social (2017): *DeustoBarómetro Social VIII. Informe evolutivo. Invierno 2013-Verano 2017*, Universidad de Deusto, Bilbao.

Diario de Navarra (2018): "Alfonso Sánchez no seguirá al frente de la AVT", *Noticias de Navarra*, 6 de abril, https://n9.cl/83wajc.

Domínguez, Florencio (2017): "Las víctimas: visibles por su propio esfuerzo", en Eduardo Santamaría y Antonio Rivera (eds.), *Víctimas: ¿todas iguales o todas diferentes? Caracterización y respuesta ante un fenómeno complejo*, Fundación Fernando Buesa e Instituto Universitario de Historia Social Valentín de Foronda, Vitoria-Gasteiz.

El País (2006): "La AVT congrega en Madrid a 200.000 personas contra la política antiterrorista del Gobierno", *El País*, 11 de junio, https://n9.cl/o4bj9.

Europa Press (2014): "Interior retira subvenciones a 46 víctimas de los GAL por estar acreditada su pertenencia a ETA", *El Mundo*, 10 de abril, https://n9.cl/aewt7.

— (2015): "La AVT lamenta la muerte de su cofundadora Vidal-Abarca recordando las dificultades de sus primeros años", Europa Press, 16 de junio, https://n9.cl/aewt7.

— (2018): "El presidente de la AVT cree que 'en Navarra hay víctimas que se deben a un partido'", *Diario de Navarra*, 26 de enero, https://n9.cl/3ko4h.

Euskobarómetro (2006): *Los españoles ante el terrorismo y sus víctimas. III Encuesta Nacional*.

— (2007): *Los españoles ante el terrorismo y sus víctimas. IV Encuesta Nacional*.

— (2008): *Los españoles ante el terrorismo y sus víctimas. V Encuesta Nacional*.

Gil, Rocío (2022): "Miguel Ángel Blanco y el espíritu de Ermua: cuando la sociedad acorraló a ETA en las calles y dijo Basta ya", RTVE, 10 de julio, https://n9.cl/lejot.

Gobierno vasco (2014): *Sociómetro Vasco 54. Paz y Convivencia*, Gobierno Vasco, Vitoria-Gasteiz.

Gorospe, Pedro (1988): "El Gobierno Vasco pone en marcha un plan de ayudas a las víctimas del terrorismo", *El País*, 2 de diciembre, https://n9.cl/syxkw.

Gutiérrez, Sara (2016): *Prevalencia de trastornos psicológicos en población española víctima de atentados terroristas* [tesis doctoral], Universidad Complutense de Madrid, Facultad de Psicología.

Hernández, Jesús (2025a): "La AVT pide medidas para que etarras y víctimas no coincidan en los juicios", *El Correo*, 25 de mayo, https://n9.cl/oyxqy.

— (2025b): "Que no caigamos en el olvido, que se recuerde el odio y la barbarie que truncó nuestras vidas", *El Correo*, 29 de mayo, https://n9.cl/qep85.

Hernández, Olatz (2022): "La Eurocámara se decanta por considerar 'de lesa humanidad' los crímenes de ETA", *El Correo*, 7 de febrero, https://n9.cl/ho982.

Herrero, Jacobo (2021): "Televisión Española y terrorismo etarra: los 'años de plomo' en la pequeña pantalla (1979-1980)", *Doxa Comunicación*, nº 33, pp. 137-155.

Intxaurbe, José Ramón; Urrutia, Gorka y Vicente, Trinidad L. (2021): *Informe sobre la injusticia padecida por integrantes de las Fuerzas y Cuerpos de Seguridad del Estado, así como sus familiares, a consecuencia del terrorismo de ETA*, Gobierno Vasco, Vitoria-Gasteiz.

López Romo, Raúl (2023a): "Instrumentalizar a las víctimas", Fundación para la Libertad, 11 de enero, https://n9.cl/mf5elm.

— (2023b): "¿Cómo explicar a nuestros hijos qué fue ETA?", *The Conversation*, 28 de mayo, https://n9.cl/oq163.

Mateo, Eduardo (2018): "La contribución del movimiento asociativo y fundacional a la visibilidad de las víctimas del terrorismo en España", *Revista de Victimología*, nº 7.

— (2021): "El movimiento asociativo y fundacional de las víctimas del terrorismo en España", en Antonio Rivera y Eduardo Mateo (eds.), *El movimiento de víctimas del terrorismo. El balance de una trayectoria*, Los Libros de la Catarata, Madrid.

Merino, Javier (2013): "La historia de Gesto por la Paz y el contexto histórico en el que actúa" en Galo Bilbao, Javier Merino e Izaskun Sáez de la Fuente, *Gesto por la Paz. Una historia de coraje cívico y coherencia ética*, Bakeaz, Bilbao.

Muñagorri, Ignacio y Pérez, Ana I. (2014): *Dictamen sobre investigaciones a víctimas del terrorismo*, Instituto Vasco de Criminología, Donostia.

Ordóñez, Consuelo (2021): "No queremos ser también víctimas de la paz", en Antonio Rivera y Eduardo Mateo (eds.), *El movimiento de víctimas del terrorismo. El balance de una trayectoria*, Los Libros de la Catarata, Madrid.

Pacto de Madrid (1987): *Acuerdo de Madrid sobre Terrorismo*, 5 de noviembre.

Pacto de Navarra (1988): *Acuerdo por la Paz y la Tolerancia*, 7 de octubre.

Pérez, Lourdes (2021): *Déjame que te cuente: memorias en el décimo aniversario del final de ETA*, Los Libros de la Catarata, Madrid.

PP y PSOE (2000): *Acuerdo por las libertades y contra el terrorismo*, 8 de diciembre.

Rivera, Antonio y Mateo, Eduardo (eds.) (2022): *Transterrados. Dejar Euskadi por el terrorismo*, Los Libros de la Catarata, Madrid.

Rivera, Antonio y Sáez de la Fuente, Izaskun (2025): *La sociedad vasca: ¿pluralidad sin pluralismo?*, Los Libros de la Catarata-DEUSTO, Madrid.

Rodríguez, Jesús (2021): "Mujeres víctimas de ETA. La resistencia invisible", *El País*, 18 de octubre, https://n9.cl/jddch.

Rodríguez, Natividad y Loza, Jesús (2021): "Repensar el movimiento de víctimas: retos y desafíos", en Antonio Rivera y Eduardo Mateo (eds.), *El movimiento de víctimas del terrorismo. El balance de una trayectoria*, Los Libros de la Catarata, Madrid.

RTVE (2023): "El Congreso rinde homenaje a las víctimas del terrorismo en ausencia de Vox y varias asociaciones y con Bildu", 27 de junio, https://n9.cl/axb1r.

Sáez de la Fuente, Izaskun y Bermúdez, Ángela (2025): *No en mi nombre: la oposición de Gesto por la Paz a la violencia*, Los Libros de la Catarata-DEUSTO, Madrid.

Sáez de la Fuente, Izaskun; Bermúdez, Ángela y Prieto, Jesús (2020): *La historización de la memoria. Balance de la experiencia de una comunidad de aprendizaje con personas jóvenes en Euskadi*, Universidad de Deusto, Bilbao.

Sáez de la Fuente, Izaskun y Maqueda, Ayala (2024): *Patriarcado y legitimación de la violencia de motivación política en Euskadi*, Los Libros de la Catarata-DEUSTO, Madrid.

Varona, Gema (2013): *Víctimas del terrorismo residentes en la CAPV. Desazón y esperanza en víctimas indirectas de asesinatos*, Universidad del País Vasco, Leioa.

Zarzalejos, Javier (2011): "El secuestro y asesinato de Miguel Ángel Blanco", *Jornadas Secuestros y toma de rehenes por parte de grupos terroristas: prevención y respuestas*, Fundación Manuel Giménez Abad de Estudios Parlamentarios y del Estado Autonómico.

CATARATA

Deusto
Centro de Ética Aplicada
Etika Aplikatuko Zentroa

AYALA MAQUEDA ALDASORO

Deustuko Unibertsitatean lortu zuen doktoregoa Giza Eskubideak: Erronka Etikoak, Sozialak eta Politikoak programan, *Rendición Social de Cuentas y género en la Comunidad Autónoma Vasca: evaluación de las experiencias de interacción de Emakunde con el movimiento de mujeres y feminista* vasco tesiarekin. Giza Zientzietako lizentziaduna da (Filosofia eta Erlijioen Historia aipamanerakin) eta Gizartea eratzeko Etikako Masterra. Haren ikerlanek bi ardatz nagusi dituzte: genero ikuspegiko kontu ematea eta berdintasunaren alde lan egiten duten erakundeen eta emakumeen mugimenduen eta mugimendu feministen arteko harremanak.

IZASKUN SÁEZ DE LA FUENTE ALDAMA

Deustuko Unibertsitateko Etika Aplikatuko Zentroko ikertzailea eta irakaslea da. Zientzia Politikoetako eta Soziologiako doktoregoa (Zientzia Politikoetako espezialitatean) lortu zuen Euskal Herriko Unibertsitatean 2001ean. *El Movimiento de Liberación Nacional Vasco, una religión de sustitución* (2002) izenburuko tesia eginda. Gatazkei eta Bake Kulturei buruzko ikerrildoan, Euskadiko motibazio politikoko indarkeriari lotutako prozesu sozial, politiko eta kulturalak aztertzen ditu, motibazio etiko-politiko argiarekin, biktimei leku nagusia emanez. 2018an sortu zenetik, Euskadiko Memoriaren, Historiari buruzko Hezkuntzaren eta Bakearen Eraikuntzaren inguruko Ikaskuntza Komunitatean parte hartzen du. Aurretik, *Memoria, etika eta justizia: ETAren estortsioa eta indarkeria enpresa munduaren aurka (2012-2016)* diziplinarteko proiektua zuzendu zuen. Proiektu horrek DU-Banco Santander Ikerketa Sariaren Akzesita lortu zuen (2017), eta agenda publikoan jarri du ETAren indarkeriaren barruan bereziki ikusgaitza izan den dimentsio bat.
Research ID: Web of Knowledge: R-1052-2018/ orcid.org/0000-0001-9099-2653.

Ayala Maqueda Aldasoro
eta Izaskun Sáez de la Fuente Aldama

Erresistentziatik aitorpenera: biktimen elkarte eta fundazioen ibilbide nekeza

Izaskun Sáez de la Fuente eta Ángela Bermúdez
(bildumaren editoreak)

Itzultzailea: Sara Muniozguren, Itzulpen
eta Hizkuntza Laguntzako Zerbitzua – Deustuko Unibertsitatea

EUSKADIKO GATAZKAREN ETA INDARKERIAREN MEMORIA ETA HISTORIA BILDUMA.

BILDUMA HAU EUSKO JAURLARITZAK ETA DEUSTUKO UNIBERTSITATEAK BIZIKIDETZA, GIZA ESKUBIDE ETA ANIZTASUNAREN PLANA (2021-2024) GARATZEKO SINATUTAKO HITZARMENAREN BABESPEAN EGIN DA.

AZALAREN DISEINUA: MIKEL LAS HERAS

ITZULTZAILEA: SARA MUNIOZGUREN, ITZULPEN ETA HIZKUNTZA LAGUNTZAKO ZERBITZUA – DEUSTUKO UNIBERTSITATEA

FUENCARRAL, 70
28004 MADRID
TEL. 91 532 20 77
WWW.CATARATA.ORG

ERRESISTENTZIATIK AITORPENERA: BIKTIMEN ELKARTE ETA FUNDAZIOEN IBILBIDE NEKEZA

ISBN: 978-84-1067-425-7
DEPÓSITO LEGAL: M-17.862-2025
THEMA: JPWL/JPWS/JKVV

INPRIMATZAILEA: ARTES GRÁFICAS COYVE S.L.

AURKIBIDEA

BILDUMARI BURUZ

Euskadi Ta Askatasunak (ETA) behin betiko su-etena iragarri zuenetik hamarkada bat igarota, Euskadiko gazteek —indarkeria pairatu ez duen lehen belaunaldia— adierazi dute espazio seguru gutxi dituztela gaiari buruz galdetzeko, hitz egiteko eta eztabaidatzeko.

Liburu bilduma honek azken hamarkadetan Euskadin bizi izan den gatazkaren eta indarkeriaren historiaren ulermen kritikoa sustatu nahi du belaunaldi berriengan. Batez ere gazteei eta gai horiei buruzko interesa duten herritarrei zuzenduta dago, baina baita irakaslanean edo irakaslanerako prestatzen ari direnei eta hainbat erakunde publiko eta pribatutatik giza eskubideen errespetua sustatu eta bakea eta bizikidetza landu nahi duten pertsonei ere.

Proiektu hau Euskadiko Memoriaren, Historiari buruzko Hezkuntzaren eta Bakearen Eraikuntzaren inguruko Ikaskuntza Komunitatearena da. Ikaskuntza komunitate hori Deustuko Unibertsitateko Etika Aplikatuko Zentroaren ekimenez sortu zen 2018an eta, harrezkero, Euskadiren indarkeriazko iraganari buruzko diziplinarteko eta belaunaldien arteko elkarrizketa eta hausnarketa ahalbidetzeko gune bat da. Lehen lan fasean (2019-2021), profil ideologiko desberdinetako gazteek Euskadin bizi izandako motibazio politikoko indarkeriari buruz zer galdera eta gogoeta dituzten ikertu zuen. Behin eta berriz adierazi zuten hainbat galdera sortzen zaizkiela, baina ez dutela non planteatu galdera horiek, eta gogoetak ere badituztela, baina ezin dituztela beste

pertsona batzuekin kontrastatu. "Jarauntsitako eta autoinposatutako isiltasuna"ren pisua sentitzen dute familian, koadriletan, eskolan eta komunitatean.

Bada uste zabaldu bat isiltasun horri irauten lagundu diona: bakea eta bizikidetza sustatzeko, hobe dela orria pasatzea, iragana ahaztea eta etorkizunera bakarrik begiratzea. Baina etorkizuna ezin da eraiki iraganari bizkarra emanda. Horregatik, oraingo lan fasean, Ikaskuntza Komunitateak hainbat aditu bildu ditu bilduma honen ekoizpenean laguntzeko: gaian adituak diren historialariak, indarkeriaren analisi etikoan adituak diren filosofo eta gizarte zientzialariak eta historiari buruzko hezkuntzan adituak diren pedagogoak.

Bildumako liburu bakoitzak gai historiko edo etiko batean sakontzen du. Hautatu diren gaiak bereziki garrantzitsuak dira gazteek euskal gatazkaren eta indarkeriaren historiari buruz dituzten kontakizunei modu kritikoan heltzeko. Estrategia pedagogiko narratiboa erabiliz, Peneloperen bideari jarraitzea proposatzen da: iragan odoltsu eta mingarri baten memoria sozialaren ehuna tentuz desegitea eta kontzientziaz berriz ehuntzea. Bide horretan, indarkeria justifikatzeko balio duten mito, partzialkeria eta gain-sinplifikazioak ikusaraztea eta kritikoki arakatzea izango da abiapuntua dinamika bikoitza aurrera eramateko: *memoria historizatzea* eta *historia memorializatzea*. Horren bidez, hiru helburu bete nahi dira: pertsonek fenomeno historikoen konplexutasunaren ulermen hobea izatea, iragana biktimen esperientzian hezurmamitzea, eta, horrela, historiak indarkeria desnormalizatzeko eta deslegitimatzeko duen ahalmena aktibatzea.

SARRERA

Hainbat hamarkadatan, motibazio politikoko indarkeria mota desberdinen ondorio larriak pairatu dituzte euskal gizarteak eta Espainiako gizarteak. Bildumaren ardatza deslegitimazioa da eta, ikuspegi horri jarraituz, liburu honek biktimen eskubideak defendatzeko helburuz sortutako taldeak ditu aztergai. Zehazki, biktimen elkarte eta fundazioen ibilbidea eta bakea eta bizikidetza eraikitzeko prozesuari egin dioten ekarpena aztertu nahi ditu.

Orain arte, ez da behar bezala aitortu biktimek nozitu duten bidegabeko kaltea, eta gutxietsi egin da haiek ordezkatzen dituzten elkarteek egindako lana. 2013an bultzatutako azterlan baten arabera, inkestatutako biktimen ia erdiek (% 42) uste zuten euskal gizartearentzat ez zirela garrantzitsuak, eta erdiek baino gehiagok (% 53) uste zuten deserosotasuna sortzen zutela herritarren artean (Varona, 2013: 85). Era berean, bakeari eta bizikidetzari buruzko 2014ko Euskal Soziometroan, galdetutako pertsonen % 56k, biktimen elkarteen ibilbidea baloratzean, esan zuten politizatuegi zeudela, eta % 20k baino ez zuten uste beren eskubideak zilegitasunez defendatzen zituztela (Eusko Jaurlaritza, 2014: 26). Zenbait urtetan (2013-2017), DeustoBarometroak Euskadin behin betiko bakea lortzeko hainbat eragilek egindako ekarpenak baloratzeko eskatu zien herritarrei. Terrorismoaren Biktimen Elkarteak (AVT) puntuaziorik baxuena lortu zuen ia beti, Eusko Jaurlaritzaren, Eusko Alderdi Jeltzalearen (EAJ) eta Euskal Herria

Bilduren (EH Bildu), presoen aldeko elkarteen eta, une batzuetan, are erakunde terroristaren beraren atzetik (DeustoBarometro Soziala, 2017: 45).

Biktimen elkarteen ibilbidearen azterketa honek indarkeria deslegitimatzen lagundu dezake, biktimen izaera erresilientea erakutsiz eta bake prozesuei egin dien ekarpena agerian jarriz eta, hartara, biktimak eta haien elkarteak elkarbizitzarako oztopo direlako ideia hain hedatua eraitsiz. Horretarako, hasiera batean, elkarte horien sorrera eta ibilbidea aztertzen ditu. Ostean, mota horretako taldeek egin ohi dituzten zereginak azaltzen ditu, baita biktimen eskubideen defentsan egiari, justiziari eta erreparazioari egindako legatua ere. Azkenik, testuak mugimendu horren barruan eta, oro har, gizartean sortu diren eztabaida eta tentsio nagusietako batzuk jorratzen ditu.

ARIKETA 1

Liburu honek biktimen elkartegintza aztertzen du. Saiatu galdera hauei buruz hausnartzen:

- Ezagutzen duzu biktimen erakunderen bat? Zein?
- Zer pentsatzen duzu egiten duten lanaz?
- Zure ustez, ekarpen esanguratsurik egin al diote Euskadiko bakea eta bizikidetza berreraikitzeko prozesuari? Zein?

Erantzuten ez badakizu, galdetu zure inguruko jendeari.

1. SORRERA ETA BILAKAERA

Atal honek terrorismoaren biktimen elkartegintzaren sorrera eta bilakaera aztertzen ditu, ETA sortu zenetik 2018an desegin zen arte. Analisiak testuinguru historikoaren funtsezko alderdi batzuk hartzen ditu kontuan, mugimenduaren garapena ulertzeko argibidea ematen dutenak: ETAren indarkeriazko estrategiaren bilakaera, Euskadiko eta Espainiako herritarren biktimekiko jarrera, autonomia erkidegoko eta estatuko instituzioek indarkeria terroristari emandako erantzuna eta biktimen eskubideei dagokienez legerian izandako aurrerapenak. Bestalde, biktimek egia, justizia eta erreparazioa lortzeko duten eskubidearen defentsan eta bakea eraikitzeko ekarpenean paper nabarmenagoa izan duten elkarteen lanari erreparatzen dio bereziki.

Atzerako begirada honetan bi etapa bereizten dira. Lehenengoa erakunde terroristaren sorreraren eta 80ko hamarkadaren amaieraren artekoa dugu, alegia, berunezko urteak izeneko aldia, ETAren etaparik hilgarriena, amaitu zenera artekoa. Lehen fase horretan, hiru ezaugarri dira aipagarri: biktimen ikusezintasun ia erabatekoa, lehen elkarteen sorrera, eta erakunde publikoen babes adierazpen urriak. Bigarren etapa 90eko hamarkadan hasi zen, mugimendu bakezalea sendotu zenean, eta ETA desegin zenean bukatu zen (2018). Aldi horretan, erakunde terroristaren indarkeriazko estrategian aldaketa bat gertatu zen, sufrimenduaren sozializazioa izendatu zena, biktimen profila dibertsifikatu

zuelako eta kale indarkeria erruz baliatu zuelako. Garai hartan, biktimek babes sozial eta politiko handiagoa jaso zuten, eta, horren ondorioz, legezko neurriak ugaritu ziren, eta elkarte eta fundazioen kopurua areagotu.

BIKTIMEN IKUSEZINTASUNA ETA AVTREN SORRERA (1959-1989)

ETA 1959an sortu zen, baina 1968an erail zuen lehenengoz: José Antonio Pardines tirokatu eta hil zuen, Gipuzkoan destinoa zuen guardia zibil galiziarra, trafiko kontrol batean ETAko bi kide, Txabi Etxebarrieta eta Iñaki Sarasketa, atxilotu ondoren. Une hartatik 2010era arte, urte horretan egin baitzuen talde terroristak bere azken atentatua, Jean-Serge Nérin polizia frantziarraren aurka hain zuzen, ETAk 864 pertsona hil zituen. Gainera, erakundearen historia kriminalean mehatxatu eta estortsionatutako milaka pertsona daude, bahitutako 84 eta zauritutako 2.600 (López Romo, 2023b). Azken zifra horrek, gutxitan erreparatzen bazaio ere, erasoen sekuelen ondorioz bizitza larriki zapuztu zitzaienen sufrimendu bidegabea islatzen du.

Indarkeria terroristaren lehen biktimak Estatuko Segurtasun Indarretako kideak izan ziren batez ere. Bere ibilbide osoan, ETAk Segurtasun Indarretako 357 kide hil zituen: 207 guardia zibil eta 150 polizia nazional —baita Ertzaintzako 15 agente eta *Esquadra mosso* bat ere—. Hilketa horietatik 102 (% 29) 60ko eta 70eko hamarkadetan gertatu ziren (Intxaurbe, Urrutia eta Vicente, 2021: 14-18). ETAk eta haren ingurune sozial eta politikoak "okupazio indar"tzat eta Euskal Herriaren etsai nagusitzat jotzen zituzten Estatuko Segurtasun Indarrak.

Lehen bi hamarkadetan (1960-1980), Euskadiko eta Espainiako fenomeno terroristaren kontrako gizarte erantzuna txikia edo hutsa izan zen (Mateo, 2018: 21). Demokraziarako trantsizioan, gizarteak eta erakunde publikoek ez zituzten aintzat hartzen biktimak eta haien senideak (Domínguez, 2017: 140), eta Estatuko Segurtasun Indarretako kideak izan ziren ikusezinenak: "Era

askotara adierazten zen ikusezintasun hori gizartean, hasi hileta ia klandestinoetatik —elizkizunak azkar-azkar egiten ziren eta hilkutxak elizen atzeko atetik sartu eta irteten ziren— instituzioek senideak abandonatzeraino" (Bilbao eta Sáez de la Fuente, 2023: 19). Indarkeriaren aurkako gaitzespen publikoa biktimen hurbileko ingurunera mugatzen zen. Hala ere, batzuetan Indar Armatuetako, Poliziako edo Guardia Zibileko beste kide batzuen babesa ere jasotzen zuten: manifestazioak egiten zituzten erraildako pertsonen hiletekin bat eta, kasu batzuetan, martxan zegoen demokratizazio prozesua zalantzan jartzen zuten, ETAren aurkako borrokan eraginkortasunik ez zuela argudiatuta (Merino, 2013: 23).

80ko hamarkadaren hasieran, indarkeria terroristaren biktimak ikusarazteko eta babesteko Espainiako lehen elkartea sortu zen, Terrorismoaren Biktimen Elkartea (AVT). 1981ean jaio zen, 80ko hamarkada osoa hartu zuten berunezko urteak deiturikoetan. ETAren aldi hilgarriena izan zen; 1979tik 1980ra bitartean, esaterako, 173 biktima egon ziren, hau da, hildako bat lau egunik behin (Herrero, 2021: 138-139). AVT hiru emakumek sortu zuten: Ana María Vidal-Abarcak, Sonsoles Álvarez de Toledok eta Isabel O'Sheak. Senarrak erakundearen eskuetan galdu ondoren, elkartzea erabaki zuten, Espainian terrorismoak kaltetutako pertsona guztiei ahotsa emateko eta haien eskubideen alde borrokatzeko. Hasierako helburua ETAk eraildakoen alargunei laguntzea zen, haietako asko etxekoandreak zirelako eta ez zutelako babesik, bai Euskadin bai Estatu osoan zegoen isiltasun instituzionalaren eta estigma sozialaren ondorioz (Castells, 2017: 81). Hala kontatzen du Ana María Vidal-Abarcak:

> Gure hasiera izugarria izan zen. Inork ez zigun kasurik egiten. Amorruz betetako estremistak ginela uste zuten, eta zentzuz betetako pertsonak ginela frogatu behar izan genuen, eta laguntzea zela gure helburu bakarra. ETAk garai hartan uzten zituen alargun guztiak babestuta sentitu zitezen nahi genuen, elkar ezagutu zezaten, elkarri lagundu ziezaioten (Europa Press, 2015).

AVT elkartearen sortzaileak aitzindariak izan ziren eta haien ostean emakume zerrenda luze batek —eraildako gizonezkoen

senitartekoak gehienak— lideratu du terrorismoaren biktimen eskubideak aitortzeko borroka. Gaur egun elkarteak 4.800 bazkidetik gora ditu. Emakume horiek, beren bizitzari beste zentzu bat emanik beren eskubideak defendatzeko eta indarkeria terrorista deslegitimatzen laguntzeko, benetako "memoriaren damen rola" hartu dute (Pérez, 2021).

80ko hamarkadaren lehen erdian, gaitzespenezko manifestazio handiak egin ziren José María Ryan Lemoizko ingeniariaren (1981), Martín Barrios farmazia kapitainaren (1983) eta Enrique Casas senatari sozialistaren (1984) hilketen ondoren. Haatik, ez zegoen ETAren arriskuaren kontzientzia argirik eta uste zen autonomiak eta demokraziaren sendotzeak pixkanaka terrorismoaren amaiera ekarriko zutela eta horrek mobilizazioak denboran ez irautea eragin zuen. Bestalde, ETAk euskal herritarren zati esanguratsu bat zuen alde, nolabaiteko abangoardia demokratiko eta aurrerakoia ikusten baitzuen erakundean (Merino, 2013: 26). Ikuspegi horretatik, sektore horiek gobernu zentralari egozten zioten ETAk egindako atentatuen erantzukizuna, terrorismoa erantzunezko indarkeria hutsa balitz bezala (Sáez de la Fuente eta Bermúdez, 2025). Gainera, Askapenerako Talde Antiterroristak (GAL) sortu ziren terrorismoa legez kontra akabatzeko helburuz eta 1982 eta 1987 bitartean 27 pertsona erail zituzten. Horrek pertzepzio biktimista indartzen eta zabaltzen lagundu zuen neurri batean (Castells eta Sáez de la Fuente, 2025).

80ko hamarkadaren bigarren erdian, terrorismoaren aurkako erreakzio sozial eta politikoak gora egin zuen pixkanaka, biktimekiko elkartasunarekin batera. Gizarteko hainbat sektore, hala nola unibertsitateko ikasleak, mugimendu antimilitaristako aktibistak eta parrokia taldeetako gazteak mobilizatzen hasi ziren gizartearen apatia eta isiltasuna hausteko. Garai horretan sortu ziren indarkeria terroristaren aurkako lehen mugimendu bakezaleak (Sáez de la Fuente eta Bermúdez, 2025: 14). 1985ean, Itaka jaio zen —Bakearen Aldeko Koordinakundea izango zenaren oinarriak ezarri zituen ekimena— eta urtebete geroago, 1986an, Bakearen aldeko Elkartea eratu zen. Erakunde horiek sortu ziren

garaian ETAren irudia narriatzen hasita zegoen bere hilketen irismena areagotu zuelako.

1986 eta 1987 artean, erakundeak bere hiru atentaturik basatienak egin zituen. 1986ko uztailaren 14an, ETAk bonba bat zartarazi zuen Dominikar Errepublikako plazan (Madril), eta 12 guardia zibil hil —18 eta 26 urte artekoak— eta 45 pertsona zauritu zituen. Urtebete geroago, 1987ko uztailaren 19an, erakunde terroristak bere krimenik handiena egin zuen, Bartzelonako Hipercor supermerkatu bateko aparkalekuan bonba-auto bat jarrita. 21 pertsona hil zituen —tartean 4 haur— eta 45 zauritu. Atentatu horren tamainak eta izaera indiskriminatuak erabat aldatu zuten ordura arte ETAren indarkeria terroristaren aurrean epel agertu ziren gizarteko sektoreen pertzepzioa. Hilabete gutxi batzuk geroago, 1987ko abenduaren 11n, ETAk bonba-auto bat leherrarazi zuen Zaragozako Guardia Zibilaren kuartel-etxearen ondoan. Leherketak 11 pertsona hil zituen, haietako sei adingabeak, eta ia 90 zauritu (Ceberio, 2018).

Maila instituzionalean, terrorismoa gaitzesteko Estatuko eta autonomia erkidegoetako lehen itunak lortu ziren, esaterako, Madrilgo Ituna (1987) —Diputatuen Kongresuan onartua— eta Nafarroako Bakearen eta Tolerantziaren aldeko Ituna (1988). Bi dokumentu horiek berariazko deia egiten zieten herritarrei, banaka zein taldeka, ETAren indarkeria gaitzesteko ekintza baketsuak egin zitzaten. Lehenengo itunak, terrorismoa desagerrarazteko alderdi politikoen arteko akordioa bazen ere, paradoxikoki ez zituen biktimak aipatzen. Bigarrenak, berriz, kaltetutako pertsonei laguntza emateko beharra adierazi baino ez zuen egiten: "Erakundeek laguntza osoa eman behar diete indarkeriaren ondorioak jasaten dituzten pertsonei. Laguntza horrek kaltetuekiko elkartasunaren adierazpena izan behar du, eta, aldi berean, erantzun humanitario irmoa, gizarteak terrorismoaren erasoen aurrean duen jarreraren lekuko" (Nafarroako Ituna, 1988).

1988an, halaber, Euskadin eta Nafarroan terrorismoaren biktimak babesteko lehen neurri autonomikoak onartu ziren (Mateo, 2021: 39). Eusko Jaurlaritzak laguntza plan bat jarri zuen martxan, atentatuek kaltetutako enpresa eta partikularrei diru, osasun

eta hezkuntza arloetako laguntza emateko. Planak maileguak, ikasteko eta jantokirako bekak eta garraiorako laguntzak ematen zizkien partikularrei. Horrez gain, enpresa eta saltokientzako zubi maileguak aurreikusten zituen, jarduerarekin jarraitu ahal izan zezaten Aseguruen Konpentsazio Partzuergoaren kalte-ordaina jaso artean, entitate publiko hori arduratzen baitzen ezohiko arriskuen —hala nola terrorismoaren— ondoriozko ezbeharrengatiko konpentsazioak emateaz (Gorospe, 1988). Bestalde, 1988an, Ajuria Eneko Ituna sinatu zen, euskal indar politikoen arteko —Herri Batasuna (HB), ETAren inguruko hauteskundeetako erreferentea, izan ezik— akordio nagusietako bat erakunde terrorista gaitzesteko eta askatasun demokratikoak aldarrikatzeko. Hala ere, deigarria da dokumentuak biktimak behin bakarrik aipatzea eta bakearen eta bizikidetzaren berreraikuntzan duten eginkizunari buruzko gogoetarik ez egitea (Castells, 2017: 81).

SUFRIMENDUAREN SOZIALIZAZIOA ETA BIKTIMEN ELKARTEEN UGARITZEA (1990-2018)

90eko hamarkadaren hasieran, bakearen aldeko mugimendua sendotu egin zen, hainbat erakunde berriri esker: Denon Artean (1991), Movimiento contra la Intolerancia (1991), Elkarri (1992) eta Bakea Orain (1994). Erakunde horiek, hala eta guztiz ere, ETAren biktimekiko enpatiarik ezak eta indarkeria terroristaren legitimazioak markatutako testuinguru batean sortu ziren: "atentatu askok ez zuten erantzun sozialik eta babes argirik, bai, ordea, aldi hartako terroristen atxiloketek edo heriotzek" (Mateo, 2018: 22).

1995ean sufrimenduaren sozializazioaren aroa hasi zen, ETAren atentatuak eta bere sektore gaztearen kale indarkeria (kale borroka) uztartuta. Erakundeak abertzaleak ez ziren alderdietako afiliatuak, buruzagiak eta hautetsiak jarri zituen bere jomugan, baina baita unibertsitateko irakasleak, intelektualak, artistak, kazetariak, enpresariak eta legelariak ere. Estrategia horren bidez,

ETAk euskal gizartearen pluraltasunari eraso egin nahi zion, eta herritarrengan zuen presio soziala areagotu, ordezkari politikoei ETArekin negoziatzeko eska ziezaien (Rivera eta Sáez de la Fuente, 2025: 38). Egoera horretan sortu ziren Asociación Andaluza de Víctimas del Terrorismo (1995) —izaera autonomikoko lehen erakundea— eta jazarpenezko indarkeriaren estrategiaren ondorioz ETAk hildako biktimen omenezko lehen fundazioak, hala nola Fundación Profesor Manuel Broseta (1992) eta Fundación Gregorio Ordóñez (1995).

ARIKETA 2

Ikertu nortzuk ziren Manuel Broseta eta Gregorio Ordóñez, zein testuingurutan eta, erakunde terroristaren argudioen arabera, zein arrazoirengatik hil zituzten.

1996an onartu zen Espainian terrorismoaren biktimak babesteko lege mailako lehen testua: Terrorismoaren Biktimei Laguntzeko Madrilgo Erkidegoko 12/1996 Legea, abenduaren 19koa. Urtebete geroago, Ermuan Alderdi Popularreko (PP) zinegotzia zen 29 urteko Miguel Ángel Blancoren bahiketa eta ondorengo hilketa tragikoak aurrekaririk gabeko gaitzespen soziala eragin zuen. 1997ko uztailaren 10ean, ETAk PPko zinegotzia bahitu zuen, José María Aznar Espainiako Gobernuko presidentearen gobernuak erakundeko 600 preso Euskal Herriko kartzeletara hurbil zitzan. Miguel Ángel Blancoren bahiketak iraun zuen 48 orduetan, herritarrak masiboki atera ziren kalera, askatu zezaten exijitzeko. Gutxi gorabehera, sei milioi pertsona mobilizatu ziren eta 1.500 manifestazio deitu ziren Espainia osoko herri eta hirietan (Gil, 2022). Gobernuak ez zion amore eman xantaiari eta Blanco hil ondoren geratu zen gaitzespeneko herri mugimenduari Ermuko Espiritua izena jarri zitzaion eta zenbait plataforma sortzea ekarri zuen, besteak beste, Ermuko Foroa (1998), Jóvenes por la Paz (1998), ¡Basta Ya! (1999) eta Foro El Salvador (1999). Gainera, biktimen fundazio berriak sortu ziren, hala nola Fundación Miguel Ángel Blanco

(1997), Fundación Alberto Jiménez-Becerril (1998) eta Fundación Tomás Caballero (1998) (Mateo, 2018: 23).

Hala ere, gaitzespen olde hori ez zen ahobatezkoa izan. Uztailaren 13an, ETAk Miguel Ángel Blanco hil zuen egunean, *Egin* egunkariko azalak —ezker abertzalearekin lotutako egunkaria— hau esan zuen: "Gobernua ez zen mugitu eta ETAk tiro egin zion PPko zinegotziari". Kazetak honela zioen editorialean: "[...] azken erantzukizuna, zalantzarik gabe, legea betez horrelako gertaerak saihesteko tresna guztiak dauzkaten baina mespretxatzen dituzten pertsonek dute" (Zarzalejos, 2011: 4). Beraz, *Egin*ek Espainiako gobernuari egozten zion Miguel Ángel Blancoren hilketaren erantzukizuna, ETAren xantaiei ez erantzuteagatik. Irakurketa horrek agerian uzten du euskal gizartean zegoen zatiketa, sektore batzuek indarkeria terrorista justifikatzen eta legitimatzen jarraitzen baitzuten. Haustura hori are nabarmenago geratu zen 1998ko irailaren 12an, sindikatu, alderdi politiko eta talde abertzaleek —Ezker Batuarekin batera— Lizarrako Ituna sinatu zutenean, euskal gizartearen sektore esanguratsu bat bazterrean utzita eta herrialdearen ikuspegi aniztasuna aintzat hartu gabe (Rivera eta Sáez de la Fuente, 2025: 41).

Urte bereko azaroaren 28an, Colectivo de Víctimas del Terrorismo (COVITE) sortu zen Euskadin. Hau ere ETAren eta Komando Autonomo Antikapitalisten indarkeria terrorista jasan zuten hiru emakumek —Consuelo Ordóñez, Teresa Díaz Bada eta Cristina Cuesta—sortu zuten, lehenengotik bereizita, 200 familia baino gehiagoren babesarekin. Gauzak horrela, Lizarrako Itunak ETAren su-eten adierazpena erraztu zuen, eta negoziazio politikorako iguripenak sortu zituen, batez ere ingurune nazionalistetan, non elkarrizketaren eta adiskidetzearen aldeko ahotsak ugaritu baitziren. Sorrerako manifestuan, COVITEk adierazi zuen oso kezkatuta zegoela negoziazioaren eta adiskidetzearen tesiek biktimen eskubideen kontura izango ote zuten arrakasta. Elkarteak uste zuen, beren senide maiteak bidegabeki galdu ondoren, barkatu, adiskidetu eta ahaztearen aldeko jarrera eskatzen zitzaiela.

Terrorismoaren Biktimen Manifestua

(Donostia, 1998ko azaroaren 28a)

ETA erakunde terroristaren su-etenaren iragarpenak sortu duen ikusminaren aurrean, manifestua sinatu dugun euskal indarkeriaren eta terrorismoaren biktimok, eta geure burua bakarrik ordezkatuz, honako hau adierazi nahi dugu: hogeita hamar urte baino gehiagoz, euskal gizarteak eta Espainiako gainerako gizarteak izugarrikeria terrorista eta horrelako delituekin lotutako beste indarkeriazko ekintza batzuk sufritu dituzte. Euskal Herriaren askapen faltsu baten alde indarkeria modu fanatikoan erabiltzeak izuaren biktima izan garen milaka pertsonaren bizitzak hondatu ditu. Ekimen batzuk terrorismoaren biktimen egoera arintzen saiatu badira ere, oro har, konponbidea ez da nahikoa izan. Badira arazo ekonomikoak, berriz laneratzeko zailtasunak eta arreta psikosozialaren beharra dituzten biktimak.

Biktima bakoitzak bere izugarrikerien bilduma du, ez bakarrik terroristek eragindako izugarrikeriena, baita haietaz inoiz arduratu ez diren erakundeen abandonoak eta aintzat ez hartzeak eragindakoena ere. Bereziki, biktima askok bidegabekeria moduan bizi izan dute Eusko Legebiltzarreko Giza Eskubideen Batzordeak haietaz inoiz interesik erakutsi ez izana eta bai, ordea, hiltzaileez eta haien laguntzaileez. Era berean, Euskal Elizak jarduera terroristako urte hauetan guztietan izan duen axolagabekeria salatu nahi dugu.

ETA izan da duela urte gehiegi hasitako ikarazko historiaren protagonista nagusia, baina ezin dugu ahaztu beste talde terrorista batzuek, besteak beste Triple Ak, Batallón Vasco-Españolek, GALek, Comando Autónomo Anticapitalistek eta kale borroka darabilten kontrolik gabeko taldeek izua eta sufrimendua zabaldu dutela gure artean.

Gure jarrera argia da, eta giza bizitza trukerako txanpon gisa erabiltzea gaitzestetik sortzen da: ez dugu inolako kolore eta ideologiako salbatzailerik behar, terrorismoak eta kontraterrorismoak nazka ematen digute, Estatu demokratiko batek kontrolatua eta mugatua ez den legez kanpoko eta zilegitasunik gabeko edozein indarkeriak nazkatzen gaitu.

Terrorismoaren biktimak ez dira hogeita hamar urteko hilketen erantzule. Hiltzaileak eta haien konplizeak dira erantzule bakarrak. Egindako krimenen kontura abantaila politikoak lortzea hiltzaileei hiltzea

errentagarria dela eta biktimei erailtzeak, intimidatzeak, etab. zerbaitetarako balio izan dutela eta, beraz, justifikatuta zeudela esatea bezala litzateke.

Biktimei eskuzabalak izateko, barkatzeko eta ahazteko eskatzen zaie, eta hiltzaileei ez zaie inoiz eskatu beren krimenak aitortzeko. Bakea ezin da ahanzturaren gainean eraiki. Adiskidetzeak ez du barkatzea eta ahaztea esan nahi, guztiontzako justizia baizik. Terroristek ez dute inoiz onartu okerra izan dela hogeita hamar urtez indarkeriaren bidea aukeratzea beren ideia totalitarioak inposatzeko, Euskadiko herritarrok hautestontzietan bozkatzen genuenaren aurka. Ez da aipatzen askatasunik gabe eta izuz bizitzera behartu gaituztela; aitzitik, adierazten da biktimek eskuzabalak eta ulerkorrak izan behar dutela, biktimok gorrotoaren paradigmatzat aurkeztuz, gogora ekarri gabe gutako bakar batek ere ez duela mendekurik hartu.

Ezin dugu jasan hil dutenak edo hiltzen lagundu dutenak egindakoaz harrotzea, krimenak ekintza heroikotzat jotzea eta gure hiltzaileei heroi deitzea. Gertatutakoaren egia aitortu behar da. […] Gure iritzia kontuan hartu behar da, eta arazoa konpontzeko ematen den urrats bakoitzaren berri jaso behar dugu.

Manipulatuta sentitzen gara gu adiskidetzearen protagonistatzat aurkezten saiatzen direnean. Ezinezkoa da adiskidetzea barkamenik eskatzen ez duenarekin, egindako kaltea aitortzen ez duenarekin. Zein instantzia eklesiastiko, politiko edo sozial ari dira preso terroristak biktimei barkamena eska diezaieten konbentzitzen? Indarkeria eta terrorismoa behin betiko utzi gabe, eragindako mina aitortu gabe eta biktimei arreta eman gabe ezinezkoa da adiskidetzea. Hiru baldintza horietatik aurrera, biktima bakoitzak erabakiko du adiskidetze hori gauzatu nahi duen. Ez dugu bakearen biktima ere izan nahi.

Iturria: COVITE (1998).

ARIKETA 3

- Zure ustez, zein arrazoi ematen ditu manifestuak COVITE sortzeko?
- Zure ustez, zer esan nahi du "Ez dugu bakearen biktima ere izan nahi" esaldiak?
- Zer eginkizun ematen die manifestuak biktimei eta biktimagileei bakean eta adiskidetzean? Ados zaude? Justifikatu zure jarrera.

XX. mendearen amaieran, ETAren terrorismoarekiko gaitzespena nabarmen areagotu zen gizartean, politikan eta legegintzan. Biktimen eta haien elkarteen ahaleginek terrorismoaren aurkako eta biktimak babesteko legeak garatzen lagundu zuten. 1999an, biktimak babesteko Estatuko lehen legea onartu zen: 32/1999 Legea, urriaren 8koa, Terrorismoaren Biktimekiko Elkartasunari buruzkoa. Zioen azalpenean, azpimarratzen zuen terrorismoaren biktimek bizikidetzaren, tolerantziaren eta askatasunaren balioak irudikatzen zituztela, eta honela definitzen zituen: "Herritarren borondate kolektiboaren paradigma garbiena etorkizun baketsua lortzeko legezko ordezkaritza duten aukera politikoen arteko elkarrizketan, adostasunean eta elkarrekiko errespetuan oinarrituta" (BOE, 1999: 3). Arauak honela zehazten zuen nortzuk ziren biktimak: bakea eta herritarren segurtasuna hondatzeko helburuz jarduten duten banakoek edo banda edo talde armatuetan integratutako banakoek edo banakoen taldeek egindako terrorismo ekintzak edo egintzak jasan dituzten pertsonak. 32/1999 Legeak kalte-ordainak, ohorezko aipamenak, tasa akademikoen salbuespenak eta terrorismoaren kalteetatik eratorritako tratamendu medikoak finantzatzeko laguntzak eskaintzen zituen.

TAULA 1

32/1999 LEGEAN JASOTAKO KALTE-ORDAINAK

KASUAK	ZENBATEKOA (€)
Heriotza	138.232,78
Baliaezintasun handia	390.657,87
Ezintasun iraunkor absolutua	96.161,94
Ezintasun iraunkor osoa	48.080,97
Ezintasun iraunkor partziala	36.060,73

Iturria: BOE (1999: 8-9).

1999tik aurrera, ETAk egindako atentatu guztiek herritarren eta instituzioen erantzuna izan zuten, izan ere, administrazio publikoko maila guztiek deitzen zituzten lanuzteak eta elkarretaratzeak. 1999 eta 2005 bitartean, terrorismoaren biktimak babesteko 17 erakunde berri sortu ziren, lehendik zeuden zortzi elkarteek egiten zuten lana osatzeko (Mateo, 2021: 42). Horien artean, Fundación Víctimas del Terrorismo (FVT) nabarmendu behar da. 2001eko abenduan sortu zen, garai hartan Espainian agintzen zuen Alderdi Popularrak eta oposizioko alderdi nagusiak, Espainiako Langileen Alderdi Sozialistak (PSOE), adostutako Askatasunaren aldeko eta Terrorismoaren aurkako Itunaren esparruan. Itun horrek, arestian aipatutakoek ez bezala, biktimek bakea berrezartzeko bete behar zuten funtsezko zeregina azpimarratzen zuen, eta lehendik zeuden biktimen elkarteen ordezkaritza izango zuen fundazio bat bultzatzeko konpromisoa jasotzen zuen. FVT estatu mailako erakunde publiko gisa sortu zen. Izaera publiko horretaz gain, fundazio horrek bereizgarri bat du: biktimen elkarteak eta fundazioak biltzeko sortu zela, haien ahots aniztasuna aitortzeko eta guztien interes komunak bideratzeko topagune izateko (Caballero, 2021: 142-143).

Askatasunaren aldeko eta Terrorismoaren aurkako Ituna

(2000ko abenduaren 8a)

Terrorismoaren biktimak dira gure kezka nagusia. Haiek jasan dituzte zuzenen fanatismoaren eta intolerantziaren ondorioak. Badakigu demokraziak ezingo diela inoiz itzuli galdu dutena, baina Espainiako gizartearen errekonozimendua eta arreta jaso dezaten nahi dugu. Terrorismoaren Biktimekiko Elkartasunari buruzko Legea haien aitorpen moral eta materialaren ahobatezko adierazpen kualifikatua izan da. Baina gure betebeharrak ez dira amaitu. Haien memoria gordetzen eta babesten ahalegindu behar dugu, eguneroko arreta sistema iraunkor bat ezartzen. Terrorismoaren aurkako borrokan biktimak Espainiako gizartearekin lankidetzan aritzea beharrezkoa da oraindik ere, haiek defendatzen baitituzte hobekien sufrimendu hori eragin dietenek suntsitu nahi dituzten bizikidetzaren eta elkarrekiko errespetuaren balioak. Lankidetza hori sustatze aldera, bi alderdiok konpromisoa hartzen dugu, biktimen elkarteekin batera, fundazio bat sortzeko, elkarte horien ordezkaritza izango duena eta bere jarduerak lehendik dauden fundazioekin koordinatuko dituena.

Iturria: PP eta PSOE (2000).

2003an, 32/1999 Legearen aldaketa bat bultzatu zen, eta horrek, ohorezko aipamenei dagokienez, honako hau zehazten zuen: "Kondekorazio horiek ezin izango zaizkie inoiz eman ibilbide pertsonal edo profesionalean Konstituzioan eta lege honetan adierazitako balioen eta nazioarteko itunetan aitortutako giza eskubideen aurkako portaerak erakutsi dituztenei" (BOE, 2003: 9736). Ñabardura horrek biktimagile-biktimaren figura konplexua dakar: terrorismoaren biktima izan den pertsona, baina bere ibilbidean beste gizabanako batzuen giza eskubideak urratu dituena (Bilbao, 2009; Castells eta Sáez de la Fuente, 2025: 62). Legeak ez zien ukatzen pertsona horiei ordain materiala jasotzeko eskubidea, baina ez zitzaiela aitorpen publikorik egin behar zehazten zuen. Hori bereziki interesgarria da Espainiako testuinguruan, kontuan hartzen bada terrorismoaren biktima batzuk biktimagileak ere izan direla, ETArekin,

eskuin muturreko taldeekin, poliziaren indarkeriarekin, indarkeria parapolizialarekin edo estatu terrorismoarekin lotura izateagatik.

2004tik aurrera, autonomia erkidego askok terrorismoaren biktimak babesteko beren legeak bultzatu zituzten. Valentziako Erkidegoa izan zen lehena (2004), eta haren atzetik beste asko etorri ziren, hala nola Extremadura (2005), Euskadi (2008), Aragoi (2008), Murtzia (2009), Nafarroa (2010), Andaluzia (2010), Gaztela eta Leon (2017), Errioxa (2018) eta Kantabria (2023) (Mateo, 2018: 14).

Legedian aurrerapenak izan ziren testuinguru horretan, bost inkesta egin ziren Estatu osoan. Inkesta horien arabera, herritarrek modu desberdinean baloratzen zuten biktimek Espainiako gizartetik eta euskal gizartetik jasotako babesa. Inkestatutako pertsonen % 60 inguruk adierazi zuen Espainiako gizarteak asko edo nahiko lagundu ziela biktimei, baina % 25ek eta % 30ek soilik uste zuten euskal gizarteak nahiko lagundu ziela (Euskobarometroa, 2006, 2007 eta 2008). Iritzi hain desberdin horrek pertzepzio alborapen bat erakuts dezake, alegia, Espainiako herritarren erantzuna gainbalioestea, eta Euskadiko herritarrak oro har abertzaleen postulatuekin identifikatzen zirela eta ETArekin zuzenean edo zeharka bat zetozela suposatzea.

Euskadin, Terrorismoaren Biktimei Aitorpena eta Erreparazioa egiteko ekainaren 19ko 4/2008 Legeak biktimek bizikidetzaren eraikuntzan funtsezko zeregina zutela aitortzen zuen, bai eta erakunde publikoek elkartasun neurriak bultzatzeko betebeharra zutela ere, hamarkadetan ikusezinak eta ez ulertuak izan ondoren. Legeak bakea eta herritarren segurtasuna hondatzeko helburuz, banaka edo erakunde bateko kide izanda, jardun zuten gizabanakoen indarkeriazko ekintzak jasan zituzten pertsonak jotzen zituen biktimatzat. Berrikuntza nagusietako bat da, ETAk egindako giza eskubideen urraketa larriak aipatzeaz gain, esplizituki aipatzen zituela eskuin muturreko taldeen eta GALen indarkeriaren biktimak. Lege horrek, alde batetik, biktimen eskubideak oinarritzen dituzten printzipio etiko eta politikoak adierazten zituen. Lehenik eta behin, zehatz aipatzen zuen zein ziren terrorismoak kaltetutako pertsonen eskubideak: justizia, duintasuna, errekonozimendua eta erreparazioa. Bigarrenik, biktimen eta euskal gizarte

osoaren egiarako eta memoriarako eskubideak garatzen zituen. Eta, azkenik, herritar guztien bakerako, askatasunerako eta bizikidetzarako eskubideak definitzen zituen. Bestalde, erregelamendu horrek laguntzak jasotzen zituen, biktimek osasun fisiko eta psikologikoan, hezkuntzan eta prestakuntzan, etxebizitzan edo enpleguan zituzten arazoei erantzuteko. Halaber, prestazio ekonomikoak ezarri ziren ekintza terroristek etxebizitzetan, ibilgailuetan, alderdi politikoen, sindikatuen eta gizarte erakundeen egoitzetan eta industria eta merkataritza establezimenduetan eragindako kalteak estaltzeko; segurtasun sistemak jartzeko eta/edo behin-behineko ostatuaren gastuak ordaintzeko (Muñagorri eta Pérez, 2014: 35).

4/2008 Legeak parte hartzeko eskubidea aitortzen zien biktimei, eta Terrorismoaren Biktimen Partaidetzarako Euskal Kontseiluaren sorrera bultzatzen zuen, "terrorismoaren biktimek dagozkien gai guztietan parte hartzea bideratzeko eta gaiaren inguruko politika zehatzak abiaraztea proposatzeko administrazio publikoei" (EHAA, 2008: 17324). Era berean, organo horretan modu paritarioan zein eragilek parte hartzen duten zehazten zuen: euskal administrazio publikoak, Euskal Autonomia Erkidegoan (EAE) egoitza duten terrorismoaren biktimen elkarte eta fundazioak eta Euskadiko mugimendu bakezaleak. Legeak biktimen elkarteen jarduerak bultzatzeko atal bat ere bazuen, legean bertan hartutako erreparazio eta laguntza konpromisoen osagarri. Legean jasotako babes eta laguntza sistema bi urte geroago osatu zen terrorismoaren biktimei laguntza integrala emateko sistema garatzen duen azaroaren 9ko 290/2010 Dekretuaren bidez.

2006 eta 2011 artean 11 elkarte berri sortu ziren, haietako asko autonomikoak (Mateo, 2021: 42). Espainiako hainbat lekutan biktimen elkarteak sortu izanak argi erakusten du ETAren terrorismoak estatu osoari eragin ziola eta autonomia erkidego guztietan utzi zituela biktimak. Aldi horretan, halaber, terrorismoak bereziki zigortutako kolektiboei zuzendutako elkarteak sortu ziren eta agerian jartzen dituzte ETAren indarkeriaren aurpegiak. Adibidez, 2006an Asociación Cuerpos y Fuerzas de Seguridad del Estado Víctimas del Terrorismo elkartea sortu zen, ETAren biktima ziren polizia nazionalak eta guardia zibilak eta haien senideak ordezkatzeko. Era berean,

2010ean Asociación de Ertzainas y Familiares Víctimas del Terrorismo (ASERFAVITE) sortu zen, euskal polizia autonomikoko kideen eskubideak defendatzeko. Deigarria da, ETAren hasieratik kaltetu nagusiak izan baziren ere, Estatuko Segurtasun Indarrek ez sortzea beren elkarteak harik eta biktimen elkarte eta fundazio mugimendua finkatuta egon arte. Bestalde, 2009an, Zaitu elkartea sortu zen, ETAgatik jazarpena, mehatxuak eta erbesteratzeak jasan zituzten biktimen alde. Kalkuluen arabera, Euskadin 3.300 pertsona babestu behar izan ziren eskoltarekin, haien osotasun fisikoaren beldur zirelako. Hori indarkeria terroristaren ondorio ez hain ageriko bat da —eta, batzuetan, minimizatua—, baina ondorio tragikoak izan zituen indarkeria pairatu zuten pertsonentzat: askatasun eta intimitate dosi esanguratsuak galtzea, harreman pertsonal, laboral eta sozialei eusteko zailtasun handiak eta estigmatizazio prozesuak (Intxaurbe, Urrutia eta Vicente, 2021). Beste pertsona askok ezin izan zituzten jazarpena eta mehatxuak jasan, eta Euskal Herritik ihes egin behar izan zuten, "erbesteratu" bihurtuz (Rivera eta Mateo, 2022). Ez dago Euskaditik alde egin behar izan zuten pertsonen kopurua zehazten duen txosten ofizialik, baina 80ko hamarkadatik aurrera 60.000tik 200.000ra artekoa izan zitekeela kalkulatzen da (Cuesta *et al.*, 2011: 41). Mehatxatutako pertsonek ez zuten atentatu baten zuzeneko biktimen estatus juridiko bera. Hain zuzen ere, mehatxatuak Terrorismoaren Biktimen Legean sartzea izan zen Zaituren lorpenetako bat.

Irailaren 22an, biktimei laguntzeko Estatuko bigarren legea onartu zen: 29/2011 Legea, irailaren 22koa, Terrorismoaren Biktimei Aitorpena eta Babes Integrala ematekoa. Legeak biktimen esanahi politikoa azpimarratzen du; izan ere, "mehatxu terroristaren aurrean askatasunaren eta zuzenbidezko estatuaren defentsa sinbolizatzen dute" (BOE, 2011: 6) eta sistema demokratikorako erreferentzia etikotzat hartzen ditu. Lege horren arabera, "ordena konstituzionala iraultzea edo bake publikoa larriki asaldatzea" helburu zuten pertsona edo talde kriminalen ekintza terrorista pairatu zuten pertsonak dira biktimak (BOE, 2011: 12). Definizio horrek ez ditu aintzat hartzen indarkeria polizialaren edo parapolizialaren ondorioz giza eskubideen urraketa larrien biktimak izan ziren pertsonak. GALen biktimen eskubideak ere ez dira beti erabat bermatuta egon. 2014an, Espainiako

Gobernuak, Alderdi Popularra buru zela, 46 biktimari dirulaguntzak ukatzea erabaki zuen, "ETAren mundukoak" zirelako. Jorge Díaz Fernández orduko Barne ministroak indarkeriazko delituen biktimei kalte-ordainak emateari buruzko Europako Hitzarmenari heldu zion. Hitzarmen horren arabera, biktimak indarkeriazko ekintzak egiten zituen erakunde batean parte hartu bazuen, kalte-ordaina murriztu edo kendu ahal izango zen (Europa Press, 2014).

29/2011 Legea memoriaren, duintasunaren, justiziaren eta egiaren printzipioetan oinarritzen da, eta biktimei babes osoa eskaintzea du helburu. Horretarako, kondekorazioak eta kalte-ordain ekonomikoak ematen ditu —1999ko Estatuko lehen legean aurreikusitakoekin alderatuta, zenbatekoa handituz—, eta osasunarekin, enpleguarekin, etxebizitzarekin edo hezkuntzarekin lotutako hainbat eskubide eta laguntza sustatzen ditu. Era berean, legeak neurriak bultzatzen ditu prozesu judizialetan biktimen eskubideak babesteko, haien ohorea eta duintasuna babes instituzionalaren bidez defendatzeko, eta informazioen tratamendua arautzen du haien intimitatea bermatzeko.

Elkarte eta fundazioen mugimenduari dagokionez, legeak bigarren kapitulu bat jasotzen du, biktimen elkarteen garrantzia aitortzen duena eta haien etorkizuneko finantzaketa bermatzen duena. Gainera, hitzaurrean bertan erakunde horiek indarkeria terrorista deslegitimatzeko egiten duten ekarpena azpimarratzen du. Halaber, 29/2011 Legeak, 57. artikuluan, Terrorismoaren Biktimen Oroimenerako Zentro Nazionalaren sorrera arautzen du. Zentro horrek EAEn izango du egoitza, eta honako helburu hauek ditu: "terrorismoaren biktimek hezurmamitzen dituzten balio demokratikoak eta etikoak zaintzea eta zabaltzea, biktimen memoria kolektiboa eraikitzea eta herritar guztiak kontzientziatzea askatasuna, giza eskubideak eta terrorismoaren aurkako eskubideak defendatzeko" (BOE, 2011: 26). Erakunde hori, azkenean Terrorismoaren Biktimen Oroimenerako Zentroa izena hartu zuena, 2015ean sortu zen estatuko sektore publikoko fundazio gisa, Barne Ministerioari atxikita, eta Espainiako Gobernuaren, autonomia erkidegoen, Gorte Nagusien, Gasteizko Udalaren (egoitza duen hiria) eta terrorismoaren biktimen ordezkariak biltzen ditu.

Lege honen elementu kritikatuenetako bat kalte-ordainetan ezartzen zuen aldea izan zen, kondena epaia zegoen ala ez kontuan hartuta. Soledad Becerrilek, Herriaren Defendatzaile gisa (2012-2017) eta biktimen eta haien elkarteen kexak aintzat hartuta, kalte-ordainak parekatzea gomendatu zuen, kontuan izanik "ETA erakunde terroristaren biktimen artean askok ez dutela kondena epairik, zailtasun objektiboak daudela epai hori eman ahal izateko eta komeni dela epairik gabeko biktimen kolektibo zabalaren aldarrikapenak kontuan hartzea, nahiko bailukete Estatuaren konturako haien kalte-ordainak egileen aurkako epaia duten biktimen kalte-ordainen parekoak izatea" (Herriaren Defentsa Bulegoa, s.f.). Defendatzaileak, gainera, argudiatzen zuen epairik gabeko biktimek sufrimendu bikoitza jasaten zutela: krimenak eragindakoa eta erantzuleak kondenatu gabe egotearen ondoriozkoa. Gaur egun, Defentsa Bulegoaren webguneak dio eskaera izapidean dela oraindik. Hala bada, bidegabeko luzamendua da eta justiziaren printzipioari erasotzen dio.

Halaber, indarkeria polizialaren eta parapolizialaren biktimak ere badira erakunde publikoek hamarkadetan aintzat hartu ez zituztenak, harik eta Eusko Legebiltzarrak zenbait lege neurri onartu zituen arte, biktima horien aitorpena eta erreparazioa bultzatzeko. Neurri horiek, hein batean behintzat, euskal gizartearen beraren eskariari erantzuten diote; izan ere, bakeari eta bizikidetzari buruzko 2014ko Soziometroaren datuen arabera, inkestatutako pertsonen % 60 ez zeuden pozik abusu polizialen eta parapolizialen biktimek jasotako babes eta aitorpen sozial eta instituzionalarekin (Eusko Jaurlaritza, 2014: 27).

2016an, Eusko Legebiltzarrak 12/2016 Legea onartu zuen, Euskal Autonomia Erkidegoan 1978 eta 1999 bitartean izandako motibazio politikoko indarkeria egoeran giza eskubideen urraketak jasan dituzten biktimei errekonozimendua eta erreparazioa ematekoa. Ekimen horrek jarraipena ematen dio 2012an 107/2012 Dekretuarekin hasitako lanari. Dekretu haren xedea zen inpunitateari aurre egitea 1960tik 1978ra bitartean beren giza eskubideen urraketa larriak pairatu zituzten biktimen sufrimendu bidegabea erreparatzea. 2016ko legeak dekretu hartan zehazten ziren epeak luzatzen

ditu, eta 1978 eta 1999 bitartean izandako urraketak babesten ditu, luzapen hori gabe preskribatuko baitziren.

Legeak honela definitzen ditu biktimak: motibazio politikoko indarkeriazko testuinguru batean, funtzionario publikoek —beren zereginen jardunaren barruan edo kanpoan— edo partikularrek —taldean edo bakarka eta kontrolik gabe jardunez—, giza eskubideak urratu izanaren ondorioz, erraildako edo osotasun fisiko, psikiko, moral edo sexuala kaltetu dieten pertsona guztiak. Zioen azalpenean, arauak kolokan jartzen ditu alde bateko edo besteko motibazio politikoko indarkeria justifikatzeko eta legitimatzeko erabili diren argudio nagusiak: "Ekintza terroristek ez dute justifikatzen botere abusuaren bidez eragindako urraketa bat bera ere, baina giza eskubideen urraketak egotea ezin da azaldu gatazka politiko batek eragindako bi bortizkeriaren arteko enfrentamendu gisa" (EHAA, 2016: 4). Legeak errekonozimendu publikorako, egiarako eta erreparaziorako eskubidea aitortzen die biktimei. Erreparazioa jasotzeko eskubidea konpentsazio ekonomikoen eta osasun arretaren bidez bideratzen da. Hala ere, indarkeria polizialaren eta parapolizialaren biktimek kritikatu izan dute —arrazoiz— haiek ez daudela parekatuta eskubideetan ETAren biktimekin, eta kalte-ordainen zenbatekoen desoreka bidegabea salatu izan dute. Taula honek erakusten duenez, kasu gehienetan indarkeria polizialaren eta parapolizialaren biktimentzako zenbatekoak ETAren eta GALen biktimek jasotzen dituztenen erdia dira.

TAULA 2

KALTE-ORDAINEN ZENBATEKOEN ALDERAKETA (EURO)

KASUAK	20/2011 LEGEA (ETAREN ETA GALEN BIKTIMAK)	12/2016 LEGEA (GIZA ESKUBIDEEN BESTE URRAKETA BATZUEN BIKTIMAK, INDARKERIA POLIZIALA ETA PARAPOLIZIALA BARNE)
Heriotza	250.000	135.000
Baliaezintasun handia	500.000	390.000
Ezintasun iraunkor absolutua	180.000	95.000
Ezintasun iraunkor osoa	100.000	45.000
Ezintasun iraunkor partziala	75.000	35.000

Iturria: BOE (2011: 28) eta EHAA (2016: 10).

Orain arte, Espainiako Gobernuak ez du horrelako biktimak berariaz aintzat hartzen dituen legerik onartu, eta, are gehiago, Mariano Rajoy buru zela Alderdi Popularraren Gobernuak konstituzio-kontrakotasuneko errekurtsoa jarri zion euskal legeari. Hurrengo elkarrizketan, Inés Núñez de la Partek, 1977an Poliziak hildako Francisco Núñezen alabak, paradoxa hori eta haren atzean diren arrazoiak argitzen ditu.

Inés Núñez de la Parterekiko elkarrizketa: "Inés Núñez de la Parte 'Mehatxupean bizi izan gara bizitza osoan'", https://n9.cl/sywmx.

Aurreko paragrafoetan ikusi denez, biktimei errekonozimendua eta erreparazioa emateko legeak aldarrikatzea, hein handi batean, biktimen eta haien elkarteen ekimenaren eta presioaren emaitza izan da, gaia agenda publikoaren erdigunean jarri baitute, axolagabekeriari, ikusezintasunari eta aitortzan eta kalte-ordainetan dauden desorekei aurre egiteko.

2011ko urriaren 20an, bost hamarkada baino gehiago igarota, ETAk jarduera armatua behin betiko utzi zuela iragarri zuen, eta, sei urte eta erdi geroago, 2018ko maiatzaren 3an, behin betiko desegin zela jakinarazi zuen. Erakunde terroristak Estatu demokratikoaren aurrean eta, zehazkiago, Estatuko Segurtasun Indarren aurka izandako porrota onartu behar izan zuen. Ildo horretan, erabakigarriak izan ziren mehatxatutako pertsonen erresistentzia eta ausardia, baina baita izu eta ulermenik ezeko giroan mobilizatu ziren gizarte taldeen eta biktimen elkarteenak ere (Domínguez, 2017: 10). ETAren porrotaren ondoren, bost elkarte berri sortu ziren: Asociación-Plataforma de Apoyo Víctimas del Terrorismo (2012), Asociación de Víctimas del Terrorismo de Castilla y León (2014), Asociación SOS Víctimas España (2014), Asociación Navarra de Víctimas del Terrorismo (ANVITE) (2018) eta Asociación Víctimas del Terrorismo por la Paz (VITEPAZ) (2018).

Erakunde horien sorrerak agerian uzten du, ETAren indarkeria terrorista amaitu arren, biktimek egia jakiteko, justizia

izateko eta erreparazioa jasotzeko dituzten eskubideak eta Euskadin bizikidetza baketsua lortzea gainditu gabeko irakasgaiak direla oraindik. Horren erakusgarri da ETAren osteko egoeran oraindik ere biktimei zor zaien aitorpenari buruzko eztabaida itxi gabe egotea. ETAk desegin aurretik sortu zuen kalteari buruz egin zuen adierazpenak eta Terrorismoaren Biktimen Fundazioaren komunikatuak agerian jartzen dute oraindik ere desadostasun larriak daudela biktimen kontzeptuari buruz eta biktimagileek beren gain hartu beharreko erantzukizunari buruz.

ETAk Euskal Herriari: eragindako kalteari buruzko adierazpena (2018ko apirilak 8)	**Fundación Víctimas del Terrismo ETAren desegiteari buruz egindako komunikatua (2018ko maiatzak 3)**
[...] Hamarkadotan sufrimendu asko egon da gure herrian: hildakoak, zaurituak, torturatuak, bahituak edo erbestera joan behar izan dutenak. Gehiegizko sufrikarioa. Eta ETAk samin horretan izandako ardura zuzena onartzen du, eta halakorik inoiz ez zuela gertatu behar edo ez zela denboran hainbeste luzatu behar adierazi nahi du, gatazka politiko eta historikoak konponbide demokratiko bidezkoa aspaldi behar zuen-eta. Izan ere, ETA jaio aurretik samina zen nagusi gure herrian, eta ETAk borroka armatua utzi ostean ere oinazeak segitzen du [...] Gernikako bonbardaketaren ondorengo belaunaldiok bortxa eta arrangura hura heredatu genuen, eta guri dagokigu ondorengo belaunaldiek oso bestelako etorkizun bat jasotzea. Kontziente	[...] 1.- Mende erdiko existentziaren, hainbat urtetako sufrimendu eta minaren ondoren, demokraten batasunak, Zuzenbide Estatuak eta Estatuko Segurtasun Indar eta Kidegoen lan nekaezin eta bikainak, baita Epailetzarenak eta Fiskaltzarenak ere, hiltzaileen porrot ukaezina ahalbidetu dute. ETAk ez digu hildako bakar bat ere aurreztu. Hiltzeko ahalmena izan duen bitartean, bihozgabe jarraitu du hiltzen [...] 2.- Baina hau ez da orrialdea pasatzeko edo azken puntua jartzeko unea. Terrorismoaren biktimek ETAren azken mugimenduei aho batez erantzun diegu, hain zuzen ere ondo baino hobeto dakigulako beti saiatzen direla egia faltsutzen eta beren kontakizuna

gara borroka armatuaren garai luze honetan samin handia eragin dugula. Konponbiderik ez duen kalte asko ere. ETAren ekintzek eragindako hildako, zauritu eta biktimei, gatazkaren ondorioz kaltetuak izan diren heinean, errespetua agertu nahi diegu. Zinez sentitzen dugu.

Akatsen ondorioz edo akats izan diren erabakiak hartu izanaren ondorioz, gatazkan parte-hartze zuzenik ez zuten biktimak ere eragin ditu ETAk, bai Euskal Herrian bai Euskal Herritik kanpo. Badakigu, borroka armatuaren mota guztietako beharrek bultzatuta, inolako erantzukizunik ez zuten hainbat herritar kaltetzera eraman gaituela gure jardunak. Atzerabiderik ez duten kalte larriak ere eragin ditugu herritarren artean. Haiei eta haien senideei barkamena eskatzen diegu [...]

[...] Estatuaren indarrek zein hauekin batera jardun duten indar autonomistek egindako asko eta asko ere, legearen mozorroa erabili arren, erabat injustua izan da euskal herritar askorentzat, eta horiek ere ez dute umiliaziorik merezi. Bidezko kalte txalogarririk izan dela ulertu beharko genuke bestela. ETAk, ordea, beste jarrera bat du: oxala ez inposatzen, eta horren froga dira haren azken adierazpenak, propagandako eragiketa hutsak.

[...] Denoi dagokigu egia jakin dadin laguntzea, eta hori egin behar dugu egiazko kontakizun bat sustatuz, distantziakidetasun moralak edo anbiguotasunak saihestuko dituena eta biktimak eta borreroak izan direla argi eta garbi jasoko duena, terroristen inolako justifikaziorik gabe.

3.- ETAko eta haren inguruko kide izan direnek benetan aro berri bati ekin nahi badiote, ez dute apirilaren 20ko komunikatukoa bezalako barkamen partzialeko eskaerekin etorri behar; biktimentzat erabat gaitzesgarria da. Guztiz onartezina da bi biktima mota bereiztea: "gatazkarekin zerikusirik ez dutenak" eta, terroristen iritziz, zerikusia bazutenak. Falazia hori onartezina da, talde hiltzailearen biktima guztiak errugabeak ziren eta. [...]

4.- [...] ETAk justiziari laguntzea exijitzen dugu, hilketa guzti-guztiak ebatzita gera daitezen, erantzule guzti-guztiek dagokien zigorra bete dezaten. Biktimen memoria eta duintasunagatik, justizia erreparatzailea haien familientzat.

5.- [...] Biktimok ez dugu onartuko hainbeste sufrimendu eta

balitz halako ezer inoiz gertatu. Oxala askatasuna eta bakea aspaldi errotu izan balira Euskal Herrian [...]	min eragin zutenek lasterbideak aurkitu nahi izatea gure ordenamendu juridikoak haiek egindakorako aurreikusten dituen ondorio guztiak saihesteko. Ezin zaio LEGEA aplikatzeari utzi, aplikatu egin behar da.

ARIKETA 4

- Aztertu eta alderatu ETAren 2018ko apirilaren 20ko adierazpenaren eta Fundación Víctimas del Terrorismo urte bereko maiatzaren 3ko komunikatuaren funtsezko gakoak.
- Hausnartu biktimatzat nortzuk hartzen dituzten, biktimen arteko bereizketarik egiten duten eta nolako aitorpena merezi duten batzuek eta besteek.

2. BIKTIMEN ETA HAIEN ESKUBIDEEN AITORPENERAKO EKARPENAK

Terrorismoaren biktimen mugimenduan, nagusiki, bi erakunde mota daude: elkarteak eta fundazioak. Jatorrian, funtzionamenduan, egituran edo finantzaketan dauden aldeak alde batera utzita, elkarte eta fundazio mugimenduaren azken helburua da giza eskubideak defendatzea bereziki —biktimenak eta haien senideenak— eta indarkeria terrorista mota oro deslegitimatzea. Erakundeak oso pluralak dira, ordezkatzen dituzten biktimak bezala, eta biktima asko ez dira erakunde horietako kide eta ez dira haien bidez ordezkatuta sentitzen ere. Guztiek jomuga bera duten arren, guztiek ez dute jarduera mota bera egiten. Jarraian ikusiko dugunez, elkarteen lanaren zati handi bat asistentziala da; fundazioek, berriz, prestakuntza, sentsibilizazio, kultura eta oroitzeko ekimenak bultzatzen dituzte gehienbat. Nahiz eta elkarteek fundazioen jarduera bereizgarrienetako batzuk beren gain ere hartu ohi dituzten, fundazioek ez dituzte egiten elkarteen ohiko laguntza lanak.

LAGUNTZA LANAK

Laguntza lanek berebiziko garrantzia dute biktimak birgizarteratzeko eta erreparatzeko. Elkarte gehienek laguntza juridikoa eta administratiboa eskaintzen dute elkartekideak izapide judizial eta administratiboetan orientatzeko, egiarako eta justiziarako

eskubideak bermatze aldera. Bidelaguntza ematen diete biktimei une bereziki zailetan, hala nola instrukzioko epaitegietan agertu behar dutenean, auzitegiko medikuei bisitak egitean edo ahozko epaiketetan parte hartzen dutenean. Adibidez, AVTk lortu du Auzitegi Nazionalak konpromisoa hartzea biktimen eta etakideen arteko edozein kontaktu saihesteko epaitegietako sarreretan eta korridoreetan, etakideetako asko dagoeneko espetxetik aterata baitaude (Hernandez, 2025a). Akusazio partikular gisa ere aurkezten dira atentatu terroristekin edo terrorismoaren apologiarekin lotutako epaiketetan, epaiak aztertzen dituzte eta terrorismoaren aurkako lege erreformak bultzatzen saiatzen dira. Bestalde, bazkideei terrorismoaren biktima izaki dagozkien legezko onurak (pentsioak, kalte-ordainak, bekak, kondekorazioak, etab.) lortzeko izapideak egiten laguntzen diete.

Elkarteek kontuak eskatzen dizkiete administrazio publikoei eta eskubide urraketak eta ETAren hainbat krimenen inpunitatea salatzen dituzte, egitura polizialen eta organo judizialen eraginkortasun faltaren ondorioz gertatzen direlakoan. Elkarteek behin baino gehiagotan salatu dute kasu gehienak erabat argitu gabe ixten direla, ez delako jakiten zein diren atentatuetan parte hartu zuten egile intelektualak edo konplizeak eta kolaboratzaileak (EFE Agentzia, 2023). Hori dela eta, erakunde terroristako buruzagitzan zeuden pertsonak ere jotzen dituzte krimenen erantzuletzat, biktimak hautatu eta haiekin zer egin behar zen agintzen baitzuten. COVITEko presidente Consuelo Ordóñezek 2023an Nafarroako Parlamentuan aurkeztu zuen txostenean, ETAk egindako hilketen hamarretik bederatzi inguru erabat argitu gabe daudela salatu zuen. Txostenak 362 atentaturekin eta 540 biktimarekin lotutako 572 epai aztertzen ditu, eta ondorioztatzen du 362 atentatu horietatik 24ren egile intelektualak eta materialak baino ez direla ezagutzen —atentatu horietan 76 pertsona hil zituzten— (COVITE, 2018). Gai horrek larriki urratzen ditu biktimen egiarako eta justiziarako eskubideak. Biktimen elkarteak nazioz gaindiko erakundeak inplikatzen saiatu dira, eta kexak helarazi dizkiote Europako Parlamentuari. Kasuak argitzen laguntzeko, 2022an,

Euroganberak bi neurri planteatu zituen: batetik, ETAk egindako atentatuak gizateriaren aurkako krimentzat hartzea, preskripziorik ez egoteko eta inolako amnistiaren babesik ez izateko (Baixauli, 2024: 164), eta, bestetik, ETAko kideen lankidetza bultzatzeko legezko neurriak sustatzea (Hernández, 2022).

Laguntza psikosoziala da biktimen elkartegintzaren funtsezko beste zutabeetako bat, terrorismoak kaltetutako pertsonei erreparazio osoa eskaintze aldera. Elkarteak kanal pribilegiatuak dira, biktimekin eta haien senideekin harreman zuzena dutelako. Elkarteek arreta pertsonalizatua eskaintzen dute, testuinguru pertsonal eta familiarrak aintzat hartuta, biktimek, ahal den neurrian, atentatuaren aurreko bizitza berreskuratu ahal izan dezaten. Helburu horrekin, prestakuntzako eta lan orientazioko ibilbideak bultzatzen dituzte, baina baita pertsonen arteko loturak sortzeko aisialdiko programak ere. Bestalde, pertsona espezializatuak dituzte, bizi osoan irauten duten biktimizazioek eragindako traumaren ondoriozko arazo psikologikoak eta psikiatrikoak detektatzeko eta tratatzeko. Elkarteek eskaintzen dituzten aholkularitza teknikoak eta terapiek berebiziko garrantzia dute, kontuan hartuta biktimek eta haien senideek askotan pairatzen dutela trauma osteko estresa, depresioa, larritasuna, agorafobia edo antsietatea, eta kasu jakin batzuetan nahasmendu horiek suizidio saiakuntzak dakartzatela. Patologia horiek zauritutako biktimengan eta eraildakoen senideengan (emazteak eta gazteak) gertatzen dira bereziki, eta "epe labur eta ertainerako laguntza eta jarraipen psikologikoa behar dute, baina baita epe luze eta oso luzerakoa ere" (Gutiérrez, 2016: 348).

Biktimei erreparazioa ematen laguntzeko asmo berarekin, Eusko Jaurlaritzako Giza Eskubideen eta Biktimen Arretarako Zuzendaritzak, AVTrekin lankidetzan, memoria koadernoak egiten ditu, biktimei emateko. Koaderno horietan, eraildako pertsona bakoitzaren historia, krimenaren testuingurua, espediente judizialen egoera eta familiek emandako material grafikoa jasotzen dira. Halaber, Justiziako sailburuak sinatutako mezu instituzional bat dago, Eusko Jaurlaritzaren aitorpen ofiziala adierazten duena eta

pertsona horren heriotzaren bidegabekeria azpimarratzen duena. 2021az geroztik, 200 koaderno inguru argitaratu dira dagoeneko, haietako asko ebatzi gabeko eta, beraz, zigor epairik gabeko kasuei buruzkoak (Hernández, 2025b).

INDARKERIA TERRORISTA DESLEGITIMATZEKO SENTSIBILIZAZIO ETA KONTZIENTZIAZIO JARDUERAK

Elkarteak eta fundazioak ahalegina egiten dute komunikabideetan presente egoteko, biktimen ikuspegia —haien eskubideak eta beharrizanak— eztabaida publikoaren erdigunean egon dadin. Lan handia egiten dute dokumentuak biltzeko ere, etorkizuneko belaunaldientzat memoria bizirik mantentzen laguntzeko. Horren erakusgarri dira haien webguneetan eskuragarri dauden hemerotekak eta bideotekak, memoria kolektiboa eraikitzen laguntzen dutenak. Halaber, batzuek aktiboki parte hartzen dute Derrigorrezko Bigarren Hezkuntzako eta Batxilergoko ikastetxeetara eta unibertsitateetara beren esperientzia pertsonala partekatzera joaten diren biktima hezitzaileen programetan. Topaketa horiek gazteek —ETAren indarkeria terroristarik gabe hazi diren lehen belaunaldiak— euskal gatazkari buruz duten ezagutza osatzen laguntzen dute, hezkuntza formalaren eta familiaren esparruan arazo horri arreta gutxi eman zaionez, ezer gutxi baitakite gatazkaz (Sáez de la Fuente, Bermúdez eta Prieto, 2020: 87). Biktimen lekukotzek ahalmen pedagogiko handia dute; izan ere, zuzenean gorpuzten dituzte pairatutako bidegabekeria eta bidegabekeria horrek haien bizitzan eta haien familietan izan dituen ondorio traumatikoak eta, horrela, terrorismoa deslegitimatzen laguntzen dute, etorkizunean antzekorik berriro egingo ez den itxaropenarekin.

Elkarteek eta fundazioek, bestalde, akademia eta historiografia memoria egiteaz eta Euskadin eta Espainian gertatutakoa kontatzeaz arduratu daitezen ere lagundu dute (Arregui, 2021: 20). Ildo horretan, jardunaldiak, mintegiak eta hitzaldiak antolatzen dituzte terrorismoa aztertzeko eta deslegitimatzeko,

bai eta, erreparazio sinboliko gisa, biktimak oroitzeko omenaldi eta ekitaldi publikoak ere (argazki erakusketak, kontzertuak, zinema zikloak, sari banaketak, etab.). Euskadin eta Espainian, fundazioetako asko sufrimenduaren sozializazio garaian ETAren indarkeria terroristaren ondorioz hildako politikari eta profesional nabarmenei omenaldia egiteko eratu ziren. Fundazio horiek balio demokratikoak zabaltzea eta biktimen memoria sustatzea dute helburu. Era berean, fundazio batzuek jakintza sortzen eta transferitzen laguntzen dute, ikerketa proiektuak eta bekak bultzatuz edo terrorismoari, erradikalizazio prozesuei eta indarkeriari buruzko aldizkariak eta monografiak argitaratuz. Fundazio bakan batzuek biktimaren ondare politiko eta profesionalean sakontzea dute helburu. Hori da, adibidez, Fundación Manuel Giménez Abadren kasua. Giménez Abad unibertsitateko irakaslea eta Aragoiko Alderdi Popularreko burua zen eta ETAk erail zuen 2001ean. Haren omenezko fundazioa Parlamentuaren eginkizuna eta Espainiako boterearen lurralde banaketaren eredua, autonomia estatua alegia, ikertzen eta ezagutarazten laguntzeko sortu zen. Halaber, Fundación Luis Portero García ETAk 2000. urtean hildako Andaluziako Auzitegi Nagusiko fiskalburuaren omenez sortu zen. Hil baino lehentxeago, Portero Garcíak bere organoak ematea erabaki zuen. Elkartasun keinu horri erantzunez, hil ondoren, familiak erabaki zuen fundazio bat sortzea medikuntza aringarriaren eta organoen dohaintza eta transplantearen ikerketa bultzatzeko.

Indarkeria terrorista deslegitimatuko duen memoria partekatua eraikitzeko ahalegin horretan, biktimen sufrimendua minimizatzen duten ekintzei aurre egiten saiatu dira elkarteak. Norabide horretan, ETAko kideei egindako omenaldi publikoen eta presoak espetxetik ateratzen dituztenean egiten diren ongi etorrien aurkako gaitzespen kanpainak antolatu izan dituzte, eta halakoen antolatzaileen aurkako prozedura judizialak abiatu ere bai. Biktimen kolektiboen ustez, ekitaldi horiek terrorismoa goraipatzen dute eta birbiktimizazio prozesuak sortzen dituzte. AVTk, horrelako omenaldiek biktimengan duten eragin psikologikoari buruzko txostenean, ziurtatzen du ekitaldi

horiek injustizia eta umiliazio sentimenduak indartzen dituztela, baina baita erakunde publikoen abandonuaren sentsazioa ere (AVT, 2020). Gainera, salatu dute, legearen ikuspegitik, horrelako ekitaldiek ez dutela 29/2011 Legea betetzen, 61.4 artikuluak ezartzen baitu administrazio publikoek "jendaurreko ekitaldiak egin daitezen prebenitu eta saihestuko dutela, baldin eta biktimak edo haien senideak gutxiestea, mespretxatzea edo umiliatzea ekarriko badute, eta haietan terrorismoa goraipatuko bada edo terroristei jendaurreko omenaldia egingo bazaie" (BOE, 2011: 26-27).

Raúl López Romoren ongi etorriei buruzko bideoa: "Ongi etorri – Terrorismoaren biktimen ikus-entzunezko glosategia", https://n9.cl/j7cfr.

Harrera horiek eragiten dituzten birbiktimizazio prozesuak hain dira agerikoak gaur egun, ezen Euskal Preso Politikoen Kolektiboak (EPPK) berak ere komunikatu bat atera baitzuen 2021ean, haien amaiera eskatuz, biktimengan sortzen zuen minaz jabetuta. Biktimen kolektiboen ahaleginak gorabehera, oraindik egiten dira horrelako omenaldiak Euskadin, baina maila txikiagoan.

EPPK-k ongi etorrien polemika ebatzi du: 'Harrera pribatua eta diskretua nahi dugu'

Euskal Preso Politikoen Kolektiboak (EPPK) oso argi adierazi du zein jarrera duen ongi etorrien inguruan eta, bide batez, amaiera eman dio harrera horien okerreko erabilera politikoari [...]
"Eragile eta alderdi batzuek, arduragabekeriaz, liskarra bilatzen dute, bizikidetza barik. Ez dugu inolako polemika antzurik elikatu nahi, inola ere ez: modu eraikitzailean jokatzeko eta arduratsuak izateko borondatea dugu.
[...] Baina bakea eragotzi eta inposizioa betikotu nahi dutenek aurrerapauso bakoitza blokeatu eta zapuztu nahi izan dute, mendekua bilatuz eta gatazka desitxuratuko duen kontakizun faltsu bat inposatzeko asmoz. Garaileen eta garaituen kontakizuna elikatuz.

[…] Horretaz aparte, badira ongi etorri publikoekin mina sentitzen dutela zintzoki adierazi duten pertsonak. Gure iraganeko militantziaren ekintzen ondorioz kaltetutako pertsonak dira, eta ulertzen dugu minduta sentitzea. […] Espetxean urte luzeak eta baldintza oso gogorrak igaro ondoren kalera ateratzen den presoak senideen besarkada hartzeko eskubidea duela onartu arren, [biktima horiek] adierazi dute harrera ekitaldi publikoek mina eragiten dietela. Argi eta garbi esaten dugu gure nahia sufrimendu oro arintzea eta aukera berriak irekitzea dela, zauriak sendatuz joatea eta euskal herritarren arteko bizikidetza indartzea.

Ondorioz, Espainiako eta Frantziako espetxeetan ditugun kideei galdetu ondoren, eta hartutako beste erabaki batzuei eta aurreko beste urrats batzuei jarraipena emanez, EPPK-k uste du komenigarria dela aske geratzearen poza konpartitzea espetxeko atean bertan zain ditugunekin edo modu diskretuan harrera egiten digutenekin […] Aurrerantzean, hurbilekoen arteko espazio pribatu batean bakarrik nahi ditugu harrerak […] euskal preso politikook bizikidetzari, bakeari eta besteen sufrimendua -gureaz eta gure senideenaz gain- aitortzeari egiten diegun ekarpen indibidual eta kolektiboa" […]

Iturria: *Egin* egunkaria, 2021eko azaroak 29.

ARIKETA 5

- Ikusi edo entzun duzu azken urteotan ospatu den ongi etorriren bat? Zer deritzezu halako ekitaldiei? Zergatik?
- Galde iezaiozu zure inguruko jendeari zer iritzi duen.
- Nola kontrastatzen dute bildu dituzun iritziek Raúl López Romok bideoan azaltzen dituen planteamenduekin eta Euskal Preso Politikoen Kolektiboaren komunikatuarekin?

Azkenik, bada gai bat elkarte gehien-gehienetan ekintza-ildo espezifikorik izaten ez duena, baina garrantzia duena: genero-ikuspegia. Asociación Riojana de Víctimas del

Terrorismo (ARVT) genero berdintasunera zuzendutako atal bat instituzionalizatu du. Atal horrek genero ikuspegia aplikatzen die erakundeak bultzatzen dituen politikei eta proiektuei. Generoaren eta indarkeriaren arteko loturak nahiko oharkabean pasatu dira literatura espezializatuan eta iritzi publikoan, baina baita elkarteen egituretan eta lan ildoetan ere. Terrorismoa genero ikuspegitik irakurtzeak banda armatuak elikatzen dituen substratu patriarkala identifikatzen eta indarkeria terrorista deslegitimatzen lagundu dezake (Sáez de la Fuente eta Maqueda, 2024: 9-10).

ETAk 58 emakume hil zituen —eraildakoen % 7— eta ehunka zauritu (Rodríguez, 2021). Trantsizioan eta demokraziaren lehen hamarkadetan, emakumeak, feminitatearen eredu tradizionalaren ondorioz, eremu pribatura baztertuta egon ziren, eta ez zuten presentziarik izan indarkeria terroristak gehien zigortutako sektoreetan. Hala ere, emakume askok pairatu zituzten terrorismoaren ondorio latzak ETAk eraildakoen alargun, ama, arreba edo alaba izanik, eta erabat babesik gabe geratu ziren. Emakumeek aurre egin behar izan zieten senarren heriotzak eragindako traumari eta minari, gizarte isolamenduko eta estigmatizazioko testuinguru batean seme-alabak bakarrik hazten zituzten bitartean eta lana aurkitzen saiatzen ziren bitartean. Emakumeak esparru profesional desberdinetan sartzen eta erantzukizun politikoak beren gain hartzen hasi ziren heinean, erakunde terroristak eraildako eta, batez ere, jazarritako emakumeen kopuruak gora egin zuen. Bestalde, emakumeak biktimen elkarte eta fundazio mugimenduko subjektu aktibo eta lider nagusiak izan dira, ia babes sozial eta politikorik gabe:

> [Maite Pagazaurtunduak azpimarratzen duenez] emakumeek ETAren aurka egin duten papera emakumeen lidergoaren erakusgarri aparta da. Estalita zegoen zerbait ikusarazteko borrokatu ginen. Komunikabideetan ez zen biktimei buruz hitz egiten, borreroei buruz bakarrik. Baina alargunak, alabak, amak, ahizpak, ez genuen beldurrik ez lotsarik izan gure sentimenduak eta

zauriak agertzeko. Gauzak ziren bezala kontatu genituen, terrorismoaren deshumanizazioa erakutsi genuen, gizartearen isiltasuna, eta inork ez zigun lagundu. Emakumeak ginen, baina talde feministek ez ziguten lagundu, ezta Emakumearen Institutuak ere (Rodríguez, 2021).

3. GATAZKAK BIKTIMEN ELKARTE ETA FUNDAZIO MUGIMENDUAN, ALDERDI POLITIKOEKIKO HARREMANAK ZIRELA ETA

Biktimak askotarikoak dira, baita biktimen ordezkari diren elkarteak ere. Aniztasun horrek eztabaidak eta hausturak sortu ditu biktimen elkarte eta fundazio mugimenduaren barruan. Atal honetan, biktimen instrumentalizazio politikoarekin eta EH Bildu solaskide politiko legitimotzat hartzearekin zerikusia dutenak landuko dira.

Biktimek esanahi politikoa dute. Proiektu politiko bortitz, totalitario eta baztertzaile baten izenean erail, zauritu edo jazarri zituzten neurrian, ETAren terrorea agerian uzten dute eta demokraziaren eta zuzenbidezko estatuaren balioak gorpuzten dituzte modu ezberdinetan (Arregui, 2008: 210).

Biktimen esanahi politikoa ez da nahastu behar haien instrumentalizazioarekin. Biktimen erabilera alderdikoia da elkarte eta fundazio mugimendua historikoki zatitu duen gai nagusietako bat. Instrumentalizazio horrek esan nahi du terrorismoak pertsonei eragindako sufrimendua kapitalizatzea, etekin politikoa edo elektorala ateratzeko helburuz. Hori gertatzen da alderdi jakin batzuk beren aurkari politikoei aurre egiten dietenean "biktimen benetako ordezkariaren edo ordezkari esklusiboaren rolaz jabetuta, eta gerra kulturalak irabazteaz gehiago arduratuta, kolektiboaren aniztasunaz eta iraganaren konplexutasunaz baino" (López Romo, 2023a). Instrumentalizazio politikoa gertatzen da, halaber, biktimen elkarteetako buru diren pertsonak publikoki hautagaitza

jakin batzuen alde agertzen direnean edo biktima batzuek karrera politikoari ekin eta biktimen eskubideekin lotutako karguak betetzen dituztenean, baina praktikan beren alderdien onura lehenesten dutenean (Ordóñez, 2021: 153-154). Biktimen instrumentalizazio politikoak ez dio soilik haien aniztasun ideologikoari erasotzen, erakundeen irudi publikoa konprometituz; horrez gain, biktimen sufrimendua ezerezten du eta horrek eragina izan dezake haien ongizate psikologikoan eta biktimizazioa gainditzea zaildu diezaieke (Rodríguez eta Loza, 2021: 174). 2013ko inkesta batean, biktimek adierazi zuten beren elkarteak eta gizarte zibila zirela terrorismoaren amaiera ez-birbiktimizatzailea lortzen gehien laguntzen ari ziren eragileak. Aitzitik, alderdi politikoak izan ziren, alde handiarekin, puntuaziorik txarrenak jaso zituztenak. Gainera, terrorismoak kaltetutako pertsonek protagonismo handiagoa eskatzen zuten espazio publikoan, baina biktimak politikoki erabiltzearen arriskuei buruz ere ohartarazten zuten (Varona, 2013: 80-83).

Biktimen instrumentalizazio politikoari buruz

[...] Terrorismoaren biktimok gorpuzten ditugun Memoriaren, Egiaren, Duintasunaren eta Justiziaren printzipioek ez dute ideologia politikorik. Biktimen kausa ideologia politikoen eta alderdien interesen gainetik dago, eta, beraz, mesede eskasa egingo diote gure kausari gu politizatzen saiatzen direnek, Memoria eta Justizia politizatzen saiatzen direnek, hori eginez gure Duintasunari eraso egingo baitiote. Biktima guztien izenean hitz egiten duela dioenak biktimon duintasunaren aurkako erasorik handiena egingo du. Inork ez daki nola pentsatzen eta sentitzen duten biktima gehienek, gure herrialdean, hildakoak eta zauritutakoak zenbatuta, terrorismoak utzi dituen hiru mila eta seiehun biktima baino gehiago horiek. Ordezkaritza hori, inolako merezimendurik gabe, beren gain hartzen saiatzen direnak beti izaten dira politikariak, eta helburu bakarra izaten dute: gu instrumentalizatzea beren interes alderdikoietan etekina ateratzeko [...]

Ez da nahastu behar ETAren biktimen esanahi politikoa [...] biktima batzuek beren burua politizatzea erabakitzearekin, dela alderdi politiko

jakin batean karrera profesionala egitea erabaki dutelako, dela aukera politiko jakin baten alde agertu nahi dutelako jendaurrean. Errealitate hori maiz ikusten da gure bizitza publikoan: politikan aritzea erabakitzen duten biktimak –guztiz errespetagarria dena–, baina, aldi berean, terrorismoaren biktima guztien ordezkaritzako eta eskubideen kudeaketako postuetarako izendatzen dituztenak. Horrek kalte handia egiten dio gure kausari; izan ere, biktimen askatasun ideologiko eta politikoaren aurkako eraso zuzena da, izendapen horien ondorioz biktima horiek, biktimen eskubideen bozeramaile barik, beren alderdiaren bozeramaile bihurtzen baitira. Etikoki onartezina da politika aktiboan dauden biktimek horrelako postuak izatea, alegia, biktima guztiak ordezkatzen dituzten karguak inolako joera politikorik gabe bete beharko lirateke.

Baina, zoritxarrez, sarritan ikusi ditugu biktimen elkarteetako presidenteak hauteskunde kanpainak egiten eta alderdi jakin baten aldeko botoa eskatzen. Horrela, elkarteek beren benetako izaera galtzen dute, aktore politiko bihurtuta eta gizarte eragile izaera ahaztuta. Horrek kalte handia egiten dio gure kausari, eta biktimen irudi okerra ematen du, terrorismoaren biktima izatea ideologia politiko jakin bat izatearekin lotzen baita. Errealitatea ez da horrelakoa ordea. Uste dut beharrezkoa dela polarizazio eta intoxikazio politiko handiko une zail hauetan hori gogora ekartzea, biktimen printzipioak babesteko.

Iturria: Ordóñez (2021: 152-154).

ARIKETA 6

- Nola ulertzen dituzu biktimen esanahi politikoa aitortzearen eta biktimak politikoki instrumentalizatzearen arteko aldeak?
- Zeintzuk dira Consuelo Ordóñezek instrumentalizazioa gaitzesteko erabiltzen dituen funtsezko arrazoiak?
- Zure ustez, nori egiten dio mesede eta nori kalte erabilera alderdikoi horrek? Zergatik?

Biktimen instrumentalizazio politikoa haustura sakonak sortzen hasi zen 2006. urtetik aurrera. Arrakala horiek sortu ziren zenbait erakundek, hala nola AVTk eta Voces contra el Terrorismo elkarteak, hainbat manifestazio deitu zituztenean Alderdi Popularrak eta Gotzainen Batzarrak babestuta. Manifestariek M-11ko atentatu jihadistetan gertatutakoa argitzeko eskatzen zuten, Gobernuaren bertsio ofiziala zalantzan jartzen zutelako, eta José Luis Rodríguez Zapatero Espainiako Gobernuko presidenteak ETArekin hasitako negoziazioen aurka protesta egiten zuten. Mobilizazio horietan PPko buruzagi nabarmenek parte hartu zuten, eta Gobernu sozialistaren kontrako oihuak bota zituzten, baita Mariano Rajoy Alderdi Popularreko orduko presidentearen aldekoak ere (*El País*, 2006). Kataluniako, Andaluziako, Valentziako eta Euskadiko biktimen erakunde batzuek desadostasuna agertu zuten publikoki, eta biktimen sufrimenduaren instrumentalizazio politikoa salatu zuten (Mateo, 2021: 440).

Duela gutxi, biktimen instrumentalizazio politikoak berriro sortu ditu hausturak haien elkarte eta fundazio mugimenduaren barruan, Isabel Díaz Ayusok, Madrilgo Erkidegoko presidente eta erkidego horretako PPko buruak, entzutetsu egin zuen esaldi baten ondorioz. Ayusok Juan Lobato orduko Madrilgo PSOEko idazkari nagusiari *"Que te vote Txapote"* (Txapotek bozka zaitzala) esaldiarekin erantzun zion, EH Bilduk bere botoekin Pedro Sánchez Gobernuko presidente izendatzea babestu izana salatzeko. "Txapote" Xabier Garcia Gaztelu ETAko buruzagi ohiak erabiltzen zuen ezizena da eta hamar pertsona baino gehiago hiltzeagatik ari da zigorra betetzen, besteak beste, Miguel Ángel Blanco, Gregorio Ordóñez eta Fernando Buesa. Erantzun gisa, Colectivo de Víctimas del Terrorismok, Fernando Buesa Fundazioak eta 20 biktimak baino gehiagok komunikatu bat atera zuten, esaldiaren krudelkeria eta terrorismoaren biktimei sortzen zien mina salatzeko. Horri erantzunez, Asociación Dignidad y Justicia beste komunikatu bat kaleratu zuen esaldiaren erabilera babestuz, ehun biktima baino gehiagoren oniritziarekin.

Que te vote Txapote' leloaren aurkako komunikatua

COVITEk, Fernando Buesa Blanco Fundazioak eta ETAren hainbat biktimak, nork bere izenean, gizarteari eta klase politikoari dei egiten diegu "Que te vote Txapote" leloa ez erabiltzeko. Lelo hori erabiltzeak terrorismoa eta terroristak hutsaltzea da; izan ere, alde batetik, oso mingarria da biktima askorentzat, eta, bestetik, ez du batere laguntzen COVITEk eta Fernando Buesa Fundazioak egunero terrorismoa deslegitimatzeko egiten dugun lanean.

Ohar hau sinatu dugun erakunde eta pertsonok gogorarazten dugu "Txapote" dozenaka pertsonaren hiltzailea dela. Biktimen familiek haren izena behin berriz entzun behar izatea, senideen hilketa gutxiesten duen lelo batean, ankerra eta iraingarria da; horregatik, berriro ere, ez erabiltzeko eskatzen diegu politikariei eta herritarrei. Gure senideen memoriarekiko errespetua eskatzen dugu, bai eta biktimen kolektibo osoaren pluraltasun eta aniztasunarekikoa ere. Memoriaren, Egiaren, Duintasunaren eta Justiziaren kausak ez du ideologia politikorik, eta alderdien patrimonializaziotik eta polarizaziotik kanpo egon beharko luke.

ETAren ehun biktimak baino gehiagok 'Que te vote Txapote' esaldia erabiltzea defendatzen dute

ETAren terrorismoaren ehun biktimak baino gehiagok, besteak beste, Marimar Blancok (PP), Miguel Ángel Blanco zinegotzi 'popularraren' arrebak, edo Daniel Porterok, Dignidad y Justiciako (DyJ) presidenteak, komunikatu bat plazaratu dute "Que te vote Txapote" leloaren erabilera babestuz [...]

Haien esanetan, "egun hauetan 26 urte bete direlako Miguel Ángel Blanco hil zutenetik, eta hark bizia eman zuelako Gobernu demokratiko batek ETAren xantaiari amore eman ez eta presoak Euskal Herrira hurbiltzeari uko egin ziolako". Javier García Gaztelu, "Txapote", izan zen tiroa jo zuen terrorista. Gainera, adierazi dutenez, esaldi hori erabiltzearen aldekoak dira "herriaren adierazpen askatasunerako eskubidearen parte delako". "Ezinezkoa da herritik sortutako adierazpen bat imajinario kolektibotik erauztea. Ezin dugu erauzi eta ez dugu erauzi behar. Gainera, horixe sentitzen dugu gutako askok eta askok", diote.

Hortaz, exijitzen dugu alderdi politikoak ez daitezela gure ordezkaritzaz jabetu, eta ez diezagutela inposatu nola sentitu behar dugun biktimok. Terrorismoaren memoriaren erabilera alderdikoia biktimen duintasuna aintzat hartzearen kontrako norabidean doa, biktimen aniztasuna biktima izaeraren unibertsaltasunaren berezko ezaugarria baita.

Une zail batean gaude terrorismoaren iraganaren memoriarako; izan ere, tentazio handia dago ahazteko eta orrialdea pasatzeko ETAren deslegitimazio etiko, sozial eta politikoari heldu gabe. Hain une delikatuan eslogan okerrak erabiltzen badira, gogoetan darabilgun lelo hori kasu, arriskua dugu terrorismoa gizartearen adostasun zabal batetik deslegitimatzeko beharrezkoa den memoria hori desitxuratzen eta alboratzen laguntzeko.

Iturria: COVITE eta Fernando Buesa Fundazioa (2023).

[…] ulertzen badute ere "egon daitezkeela beste biktima batzuk esaldiarekin ordezkatuta sentitzen ez direnak, […] ez dute kolektiboaren monopolioa bereganatu behar. […] Sánchezek egin duena defendatu nahi badute, hor konpon. Guretzat, Gobernuko presidentearen jokabidea iraingarria izan da […] Ildo horretan, 'Que te vote Txapote' esaldia guztiz deskriptiboa dela adierazi dute"; izan ere, "Sánchezen agintaldian, Euskal Autonomia Erkidegotik eta Nafarroatik kanpo geratzen ziren preso guztiak hurbiltzeaz gain, espetxe eskumenak transferitu dira, eta Estatuaren gobernagarritasunean funtsezko zeregina eman zaio ETAren beso politikoari, aurreko hauteskundeetan talde terroristako kidez betetako zerrendak aurkeztu bazituen ere".

Gobernuari aurpegiratu diote "Sánchezek ez duela inoiz terrorismoaren biktimekin bildu nahi izan" haien 'kezkak' entzuteko, eta ez dela haien omenaldietara ere joan" […]

Horregatik guztiagatik, diotenez, "Gobernuko presidenteak ezin hobeto ulertuko du Txapotek berari botoa emateko benetako arrazoiak izatea, Txapote eta gainerako etakideak direlako

	beraren legealdian era guztietako pribilegioak eta arretak lortu dituztenak. Eta ez terrorismoaren biktimak, zeinak, alderantziz, mespretxu eta gutxiespenen jomuga izan baikara" […] Iturria: *ABC*, 2023ko uztailaren 11.

ARIKETA 7

Esaldi hori Isabel Díaz Ayusok jarri zuen eztabaida politiko eta mediatikoan, eta, ondoren zabaldu zen herritarren sektore baten artean. Horrek agerian uzten du ordezkari politikoen diskurtsoek nolako eragina duten iritzi publikoan.

Egin ezazu bi komunikatuen arteko azterketa konparatiboa, alderdi hauek kontuan hartuta:

- Nortzuek babesten dute komunikatu bakoitza?
- Biek aipatzen dute "Que te vote Txapote" esloganaren erabilerak edo zentsurak biktimengan duen eragina. Nola argudiatzen dute? Zein dira eztabaidagaiak?
- Nola ulertzen du bakoitzak alderdi politikoen, erakunde publikoen eta biktimen arteko harremana?
- Nola baloratzen duzu agintari publikoek horrelako leloak erabiltzea? Zergatik? Alderatu zure iritzia inguruko beste pertsona batzuenarekin.

Biktimen elkarte eta fundazioen zati handi batek zalantzan jarri du ezker abertzalea bakegintzan eta bizikidetza berreraikitzeko prozesuan betetzen ari den rola. Oso kritikoak dira EH Bildurekin, uste dutelako ez duela ETAren indarkeria argi eta garbi gaitzetsi. Natividad Rodríguezen eta Jesús Lozaren (2021) arabera, autokritika horren falta oztopo gaindiezina da ezker abertzalera politikoki hurbiltzeko:

> Ezinbestekoa da biktimagileek eta haien babesleek indarkeriaren bideetan atzera egitea, biktimek barkamenaren eta adiskidetzearen

> zubiak eraiki ahal izan ditzaten. Hor, biktimen fundazioek zeregin erabakigarria izan dezakete "marra gorriak" deiturikoak ezartzeko eta zaintzeko. Hori horrela izan zen ETAren amaieran: ez zen prezio politikorik ordaindu ETA desagertzearren. Baina ETA desagertu eta Sortu legeztatu ondoren, arau politiko demokratiko bat ziurtatu beharko litzateke: ez dadila Gobernurik ez legealdiko akordiorik eratu haiekin, terrorismoari emandako babesaren autokritika argia egiten ez duten bitartean (Rodríguez eta Loza, 2021: 173).

Biktimen elkarte eta fundazioen sektore bat ez da joaten Diputatuen Kongresuan Terrorismoaren Biktimen Eguna dela eta ekainaren 27an urtero egiten den ekitaldi ofizialera. Azken urteotan, elkarte horien absentziari PPko eta Voxeko ordezkariena ere gehitu behar zaio. Ez dira joaten, batez ere, EH Bilduk hemizikloan eta azken urteetan egin diren omenaldietan parte hartu duelako, baina baita gobernuaren terrorismoaren aurkako politikarekin gustura ez daudelako ere, bereziki presoak Euskadiko kartzeletara hurbiltzearekin. Elkarte horien ustez, EH Bildu ez da solaskide politiko legitimotzat hartu behar, eta memoriako ekitaldietan egotea alderdi hori eta ETAren terrorismoa zuritzea da (RTVE, 2023).

Haustura hori bereziki nabarmena izan da Nafarroako Foru Erkidegoan. 2018ko urtarrilean, zatiketa gertatu zen Asociación de Víctimas del Terrorismo barruan. ETAren biktima nafar batzuek AVTtik atera eta beren elkartea eratzea erabaki zuten. Alfonso Sánchez, AVTko orduko presidentea, Uxue Barkos Geroa Baiko buruzagiarekin bildu zen, eta Geroa Baik EH Bildu, Podemos-Ahal Dugu eta Izquierda-Ezkerra (I-E) alderdien babesarekin gobernatzen zuen une hartan. Zenbait biktimak adierazi zuten Alfonso Sánchezek huts egin ziela sentitu zutela, Nafarroako gobernuarekin kolaboratzeagatik. Horri erantzunez, presidenteak baziurtatu zuen Nafarroan terrorismoak kaltetutako pertsona batzuk alderdi politiko baten mende zeudela. Gainera, zatiketa hori 2006an gertatutako hausturekin parekatu zuen: "Hori aurretik ere gertatu zen AVTn, Zapateroren Gobernuaren aurkako bederatzi manifestazio antolatu genituenean, eta erantzuna antzeko

elkarte autonomikoak sortzea izan zen, AVTri indarra kentzeko" (Europa Press, 2018). Nafarroako gobernura hurbiltzeak ezinegon handia sortu zuen biktima batzuengan, hainbestekoa ze elkarteak deitutako omenaldi eta ekitaldiei boikota egin zieten. Urte bereko apirilean, Alfonso Sánchezek AVTko Lehendakaritzan ez jarraitzea erabaki zuen (*Diario de Navarra*, 2018).

Ildo horretan, 2024an, Nafarroako Alderdi Sozialistak (PSN) lankidetza hitzarmen bat proposatu zuen Iruñeko Udalaren (EH Bildu) eta FVTren artean, eta alderdi guztiek onartu zuten (PSN, EH Bildu, PP, Geroa Bai eta Talde Mistoa), UPNk izan ezik, abstenitzea erabaki baitzuen (*ABC*, 2024). Hitzarmen horrek 5.000 euro eskaintzen zizkion FVTri biktimentzako laguntza finantzatzeko eta sentsibilizazio kanpainak antolatzeko. Fundazioaren gobernu organoak dirulaguntza hori ez onartzea erabaki zuen, argudiatuz EH Bildu zuritzeko ahalegina zela eta ez zeudela prest "odolez zikindutako" dirua onartzeko. Aitzitik, Consuelo Ordóñez COVITEko presidentea izan zen alde bozkatu zuen pertsonetako bat, ziurtatuz dirua ez zetorrela alderdi politikotik, herritarren zergetatik baizik. FVTk dirulaguntzari uko egin ondoren, COVITEk zenbateko ekonomiko hori onartzea erabaki zuen. Hilabete batzuk geroago, 2025eko martxoaren 7an, fundazioaren Patronatuko kide ez-iraunkorrak berritu ziren bozketa prozesu baten bidez, eta Gregorio Ordóñezen arrebak bokal postua galdu zuen (Corbacho, 2025).

Eztabaida horren erdian, EH Bilduk pauso batzuk eman ditu biktimak aitortzeko bidean. Omenaldietan parte hartzea normalizatzeaz gain, jendaurrean egindako adierazpen batzuek, nahiz eta nahikoak ez izan, aldaketa erakutsi dute ETAren indarkeriak eragindako kaltea ikusteko moduan eta biktimen sufrimenduarekiko adierazten duten enpatian. Hala ageri da ETAren behin betiko su-etenaren hamargarren urteurrena dela eta egindako adierazpenean. Haatik, ohar horretan, koalizioak ez du berariaz gaitzesten ezker abertzaleak hamarkadetan zehar indarkeriaren legitimazioan, ezberdin pentsatzen zuen ororen aurkako jazarpenean eta larderian eta espetxetik ateratako edo hildako ETAko kideei heroi eta martiri gisa egindako harreretan izan zuen protagonismo aktiboa.

EH Bilduren adierazpena, ETAren behin betiko su-etenaren hamargarren urteurrena dela eta (2021eko urriaren 18a)

[…] Bake justu eta iraunkorrak biktima guztien aitortza eta erreparazioa eskatzen du. Ez dugu haietako bat bera ere ahazten. Gaur aipamen berezia egin nahi diegu ETAren indarkeriak eragindako biktimei. Gure atsekabea eta mina adierazi nahi diegu jasan duten sufrimenduagatik. Gure egiten dugu haien mina, eta sentimendu zintzo horretatik baieztatzen dugu hura ez zela inoiz gertatu behar, inork ezin du gogoko ukan hura guztia gertatu izana, ezta denboran hainbeste luzatu izana ere. Aietera lehenago iristea lortu behar genuen. Zoritxarrez, iraganak ez du atzera-bueltarik, esan dezakegun ezerk ez du eragindako mina ezabatuko, baina konbentzituta gaude arintzea behintzat posible dela, errespetuan, adeitasunean eta memorian oinarrituta. Bihotzez esan nahi diegu asko sentitzen dugula jasan duten sufrimendua eta ahal dugun neurrian arintzeko konpromisoa hartzen dugula. Beti izango gaituzte horretarako prest […].

ARIKETA 8

Adierazpena irakurri ondoren, aztertu haren planteamendua eta darabilen hizkuntza, eta alderatu itzazu ETAk 2018an desegitean plazaratutako komunikatuarekin (ikusi 31. orrialdea).

AZKEN GOGOETAK

ETAren lehen hilketatik (1968) biktimen lehen elkartea sortu zen arte (1981) hamarkada bat baino gehiago igaro zen. Gainera, paradoxikoki, AVTk Espainian zuen presentzia, ez Euskadin, nahiz eta bertan sortu zen ETAren indarkeria eta bertan izan zen biktimen kopururik handiena. Are beranduago etorri zen erakundeen eta legeen aitorpena. Indarkeriaren aurkako lehen itunak 80ko hamarkadaren bigarren erdialdekoak dira. Eta haietan, edo ez dago biktimei buruzko berariazko aipamenik, edo oso leku subsidiarioa dute. Eta legeen aurreko dekretuetan laguntza nahiko mugatuen hartzaile pasibo gisa baino ez dira agertzen. Legeek, bai Euskadikoak, bai Espainiakoak —neurri handi batean elkarteen presioaren ondorioz—, paradigmaren aldaketa dakarte. Izan ere, une horretan, biktimak eta haien elkarteak subjektu aktibo eta solaskide legitimo bihurtzen dira, ez bakarrik beren erreparazio integrala sustatzeko, baita, memoria kritikoa gorpuzten duten aldetik, bakearen eta bizikidetzaren eraikuntzan jokatu behar duten rolagatik ere.

Elkarteetako batek ere ez du mendeku jarrerarik hartu. Urteak daramatzate erakusten eragile eskudunak direla terrorismoaren biktimen egiarako, justiziarako eta erreparaziorako eskubideak defendatzeko, sarritan erakunde publikoen hutsuneak betez, eta Euskadiko eta Espainiako gizarte osoak etorkizunean antzeko gertaerarik berriro jasan ez dezan lan egiteko. Mugimendu horrek

funtsezko zeregina bete du, askotan ulertua izan gabe, bakea nola eraikitzen ari zen zaintzeko, alegia, justiziaz eta iraganari kritikoki begiratuz ala biktimei eta haien sufrimenduari bizkarra emanez eta orrialdea pasatu nahian. Jakinik liburu honetan ez direla ageri dauden erakunde guztiak, garrantzitsua da azpimarratzea erakunde bakoitzaren lana ezinbestekoa izan dela eta hala izaten jarraitzen duela; izan ere, ETA desagertu bada ere, indarkeria terroristaren ondorioek bere horretan diraute, eta euskal gizarteko sektore batzuek oraindik ere justifikatzen dute indarkeriaren erabilera helburu politikoak lortzeko.

Aitortze mailari dagokionez, Euskadi eta Espainia bereiztea komeni da. Euskadiren kasuan, gaur egun, biktima mota guztiak babesten dituen estaldura legal eta instituzionala dago, baina oso desoreka handia dago kalte-ordainen zenbatekoetan, indarkeria polizialaren eta parapolizialaren biktimen kaltetan. Gainera, biktima horiek aitortu gabe egon dira 2016ko euskal legea iritsi arte. EAEn, ETAren biktimek irudi txarragoa dute estatu terrorismoaren edo indarkeria polizialaren eta parapolizialaren biktimek baino, herritar gune jakin batzuetan Estatuko Segurtasun Indarrak "okupazio indartzat" hartzen baitira eta Estatua bera "ez-legitimotzat eta zapaltzailetzat". Espainian, berriz, legezko aitorpena dute ETAren eta estatu-terrorismoaren biktimek, baina ez indarkeria polizialaren eta parapolizialaren biktimek. Bestalde, GALen biktima batzuk eztabaidagai izan dira biktimagile-biktima izaera bikoitzagatik, eta horrek, batzuetan, eskubideez gabetzea ekarri du.

Desoreka hori, neurri bateraino, Espainiako herritarren zati handi batek gordetzen dituen irudien ondorio da: a) ETAren biktimen eta haien elkarteen ikuspegi oso positiboa; b) Estatuko Segurtasun Indarrek abusuz eta indarkeriaz jokatu dutela ukatzeko joera, horrek kolokan jarriko bailuke terrorismoaren aurkako borrokan duten izen ona; eta c) indarkeria polizialaren eta parapolizialaren biktimak ETAren ingurune sozial eta politikoarekin identifikatzea. Poliziaren abusuak daudela aitortzeak ez du inondik inora esan nahi Estatuko Segurtasun Indarren irudia kaltetu nahi denik, baizik eta kontu handiz babestu nahi direla herritarren

eskubideak eta askatasunak, baita beste herritar batzuenak urratu dituztenenak ere. Gainera, indarkeria polizialaren edo parapolizialaren biktima guztiak ez dira ETAren ingurune sozial eta politikokoak, eta, hala balitz ere, horrek ez luke justifikatuko haien duintasunaren inolako urraketarik, are gutxiago Estatu arrazoiak argudiatuta.

Elkarte gehienak ETAren biktimen familietako emakumeen lidergopean sortu ziren. Haietako askok haien aurkako testuinguru oraindik patriarkal batean egin zioten aurre egoerari —artean emakumeak ez zeuden erabat sartuta lan merkatuan—. Galera bidegabe bera izan zuten beste emakume batzuei laguntzeko sortu zituzten elkarteak; izan ere, askotan, etxekoandreen rol esklusiboa zutenez, oso egoera kaskarrean zeuden, alarguntza pentsio ziztrinekin, seme-alabak aurrera ateratzeko.

Biktimak pluralak dira, baita haien ordezkari diren elkarteak eta fundazioak ere. Biktimen zati handi bat ez da antolatu, eta elkarte horietatik kanpo borrokatzen dira beren eskubideen alde. Aniztasun horretan tentsioak ere badira. Aurreiritzi zabalduenetako bat da biktimen elkarteak politikoki instrumentalizatuta daudela, eta argudio hori sarri erabiltzen da eztabaida publikoan haiek gaitzesteko. Bai arrazoi etikoengatik, bai arrazoi estrategikoengatik, eragile politikoek ez dituzte biktimak instrumentalizatu behar, eta biktimak eurak ere ez dira instrumentalizazioaren mende jartzeko tentazioan erori behar. Era berean, ezin da baieztatu biktimen elkarteek plazaratzen duten edozein adierazpen indar politiko jakin baten eraginaren ondorio denik. Baieztapen hori aitzakia moduan erabili izan da biktimen elkarteen argudioak gutxiesteko eta haien eskaerak baliogabetzeko. Bestalde, biktimek arrazoiak dituzte, baina ez nahitaez arrazoia (letra larriz). Hori bai, biktima ez garenok eta akademian, politikan, komunikabideetan eta abarretan erantzukizuneko postuak ditugunok gure planteamenduak eta proposamenak kritikoki aztertu behar ditugu, biktimak jarriz erdigunean, eta ez gure interesak.

BIBLIOGRAFIA

ABC (2024): "Bildu ofrece a las víctimas del terrorismo dinero para sus actos y divide a las asociaciones", *ABC*, abenduaren 3a, https://n9.cl/a7pj6.

Arregui, Joseba (2008): "El significado político de las víctimas", II Jornadas Internacionales sobre terrorismo y antiterrorismo, Fundación Manuel Giménez Abad, Zaragoza, 1-23.

— (2021): "Cómo hablar de las víctimas" in Antonio Rivera eta Eduardo Mateo (ed.), *El movimiento de víctimas del terrorismo. El balance de una trayectoria*, Los Libros de la Catarata, Madril.

AVT (2020): "La AVT realiza un informe sobre el impacto psicológico que producen los actos de recibimiento y homenaje a etarras en las víctimas del terrorismo", Asociación de Víctimas del Terrorismo, apirilaren 29a, https://n9.cl/ep7w7.

Baixauli, Alberto (2024): "Los crímenes terroristas de ETA como delitos de lesa humanidad en el Derecho Penal español: el informe de misión del Comité de Peticiones del Parlamento Europeo de 22 de abril de 2022", *Revista de Estudios Jurídicos y Criminológicos*, 10. zk, 161-216.

Bilbao, Galo (2009): *Jano en medio del terror: la inquietante figura del victimario-víctima*, Bakeaz, Bilbo.

Bilbao, Galo eta Sáez de la Fuente, Izaskun (2023): *Biktimen memoriak. Memoriaren biktimak?*, Los Libros de la Catarata-DEUSTO, Madril.

BOE (1999): Ley 32/1999, de 8 de octubre, de solidaridad con las víctimas del terrorismo, 242. zk, 1999ko urriaren 9koa.

— (2003): Ley 2/2003, de 12 de marzo, de modificación de la Ley 32/1999, de 8 de octubre, de solidaridad con las víctimas del terrorismo, 62 zk., 2003ko martxoaren 13koa.

— (2011): Ley 29/2011, de 22 de septiembre, de Reconocimiento y Protección Integral a las Víctimas del Terrorismo, 229. zk., 2011ko irailaren 23koa.

Caballero, Tomás (2021): "Realidad actual del movimiento asociativo de víctimas del terrorismo. Retos y desafíos", in Antonio Rivera eta Eduardo Mateo (eds.), *El movimiento de víctimas del terrorismo. El balance de una trayectoria*, Los Libros de la Catarata, Madril.

Castells, Luis (2017): "Una reflexión sobre las víctimas en la historia contemporánea", in Eduardo Santamaría eta Antonio Rivera (eds.), *Víctimas: ¿todas iguales o todas diferentes? Caracterización y respuesta ante un fenómeno complejo*, Fernando Buesa Fundazioa eta Valentín de Foronda Gizarte Historiarako Institutua, Vitoria-Gasteiz.

Castells, Luis eta Sáez de la Fuente, Izaskun (2025): *Gerra zikina eta agintekeria: betebehar moralen haustura*, Los Libros de la Catarata-DEUSTO, Madril.

Ceberio, María (2018): "ETA y el coche bomba: los atentados más sangrientos", *El País*, apirilaren 30a, https://n9.cl/ikm1l.

Corbacho, Javier (2025): "Consuelo Ordóñez se queda sin silla en la Fundación Víctimas del Terrorismo tras aceptar Covite una subvención de Bildu", *El Español*, martxoaren 19a, https://n9.cl/eno96.

COVITE (1998): "Manifiesto de las víctimas del terrorismo", COVITE, azaroaren 28a.

— (2018): "COVITE advierte de que solo en 24 atentados de ETA se ha condenado a todos sus responsables", COVITE, azaroaren 26a, https://n9.cl/l9a9q.

COVITE eta Fernando Buesa Fundazioa (2023): "COVITE y la Fundación Fernando Buesa Blanco hacen un llamamiento a la clase política y a la ciudadanía para que no se utilice el lema 'Que te vote Txapote'", uztailaren 11, https://n9.cl/iepx6.

Cuesta, José Luis de la; Varona, Gema; Mayordomo, Virginia eta San Juan, César (2011): *Proyecto Retorno*, Kriminologiaren Euskal Institutua, Donostia.

DeustoBarometro Soziala (2017): *DeustoBarómetro Social VIII. Informe evolutivo. Invierno 2013-Verano 2017*, Deustuko Unibertsitatea, Bilbo.

Diario de Navarra (2018): "Alfonso Sánchez no seguirá al frente de la AVT", *Noticias de Navarra*, apirilaren 6a, https://n9.cl/83wajc.

Domínguez, Florencio (2017): "Las víctimas: visibles por su propio esfuerzo", in Eduardo Santamaría eta Antonio Rivera (eds.), *Víctimas: ¿todas iguales o todas diferentes? Caracterización y respuesta ante un fenómeno* complejo, Fernando Buesa Fundazioa eta Valentín de Foronda Gizarte Historiarako Institutua, Vitoria-Gasteiz.

EFE Agentzia (2023): "Covite denuncia que el 86% de los casos de asesinato de ETA están sin resolver 'completamente'", Cadena Ser, azaroaren 14a, https://n9.cl/lathn.

EHAA (2008): 4/2008 LEGEA, ekainaren 19koa, Terrorismoaren Biktimei Aitorpena eta Erreparazioa egitekoa, 124. zk., 2008ko uztailaren 1ekoa.

— (2016): 2/2016 LEGEA, uztailaren 28koa, Euskal Autonomia Erkidegoan 1978 eta 1999 bitartean izandako motibazio politikoko indarkeria egoeran giza eskubideen urraketak jasan dituzten biktimei errekonozimendua eta erreparazioa ematekoa, 151. zk., 2016ko abuztuaren 10ekoa.

El País (2006): "La AVT congrega en Madrid a 200.000 personas contra la política antiterrorista del Gobierno", *El País*, ekainaren 11, https://n9.cl/o4bj9.

Europa Press (2014): "Interior retira subvenciones a 46 víctimas de los GAL por estar acreditada su pertenencia a ETA", *El Mundo*, apirilaren 10a, https://n9.cl/aewt7.

— (2015): "La AVT lamenta la muerte de su cofundadora Vidal-Abarca recordando las dificultades de sus primeros años", Europa Press, ekainaren 16a, https://n9.cl/aewt7.

— (2018): "El presidente de la AVT cree que 'en Navarra hay víctimas que se deben a un partido'", *Diario de Navarra*, urtarrilaren 26a, https://n9.cl/3ko4h.

Eusko Jaurlaritza (2014): *Euskal Soziometroa. Bakea eta Bizikidetza*, Eusko Jaurlaritza, Vitoria-Gasteiz.

Euskobarometroa (2006): *Los españoles ante el terrorismo y sus víctimas. III Encuesta Nacional*.

— (2007): *Los españoles ante el terrorismo y sus víctimas. IV Encuesta Nacional*.

— (2008): *Los españoles ante el terrorismo y sus víctimas. V Encuesta Nacional*.

Gil, Rocío (2022): Miguel Ángel Blanco y el espíritu de Ermua: cuando la sociedad acorraló a ETA en las calles y dijo Basta ya", RTVE, uztailaren 10a, https://n9.cl/lejot.

Gorospe, Pedro (1988): "El Gobierno vasco pone en marcha un plan de ayudas a las víctimas del terrorismo", *El País*, abenduaren 2a, https://n9.cl/syxkw.

Gutiérrez, Sara (2016): *Prevalencia de trastornos psicológicos en población española víctima de atentados terroristas*, Universidad Complutense de Madrid, Facultad de Psicología aurkeztutako doktorego tesia.

Hernández, Jesús (2025a): "La AVT pide medidas para que etarras y víctimas no coincidan en los juicios", *El Correo*, maiatzaren 25a, https://n9.cl/oyxqy.

— (2025b): "Que no caigamos en el olvido, que se recuerde el odio y la barbarie que trunco nuestras vidas", *El Correo*, maiatzaren 29a, https://n9.cl/qep85.

Hernández, Olatz (2022): "La Eurocámara se decanta por considerar 'de lesa humanidad' los crímenes de ETA", *El Correo*, otsailaren 7a, https://n9.cl/ho9s2.

Herrero, Jacobo (2021): "Televisión Española y terrorismo etarra: los 'años de plomo' en la pequeña pantalla (1979-1980)", *Doxa Comunicación*, 33, 137-155.

Herriaren Defentsa Bulegoa (s.f.): "Equiparación de las indemnizaciones a todas las víctimas del terrorismo con indepencia de que haya existido sentencia condenatoria contra los autores del hecho", Herriaren Defendatzailearen, https://n9.cl/l2l4j9.

Intxaurbe, José Ramón; Urrutia, Gorka eta Vicente, Trinidad L. (2021): *Informe sobre la injusticia padecidad por integrantes de las Fuerzas y Cuerpos de Seguridad del Estado, así como sus familiares, a consecuencia del terrorismo de ETA*, Eusko Jaurlaritza, Vitoria-Gasteiz.

López Romo, Raúl (2023a): "Instrumentalizar a las víctimas", Fundación para la Libertad, urtarrilaren 11, https://n9.cl/mf5elm.

— (2023b): "¿Cómo explicar a nuestros hijos qué fue ETA?", *The Conversation*, maiatzaren 28a, https://n9.cl/oq163.

Madrilgo Ituna (1987): *Acuerdo de Madrid sobre Terrorismo*, azaroaren 5a.

Mateo, Eduardo (2018): "La contribución del movimiento asociativo y fundacional a la visibilidad de las víctimas del terrorismo en España", *Revista de Victimología*, 7. zk.

— (2021): "El movimiento asociativo y fundacional de las víctimas del terrorismo en España", in Antonio Rivera eta Eduardo Mateo (eds.), *El movimiento de víctimas del terrorismo. El balance de una trayectoria*, Los Libros de la Catarata, Madril.

Merino, Javier (2013): "La historia de Gesto por la Paz y el contexto histórico en el que actúa", in Galo Bilbao, Javier Merino eta Izaskun Sáez de la Fuente, *Gesto por la Paz. Una historia de coraje cívico y coherencia ética*, Bakeaz, Bilbo.

Muñagorri, Ignacio eta Pérez, Ana I. (2014): *Dictamen sobre investigaciones a víctimas del terrorismo*, Kriminologiaren Euskal Institutua, Donostia.

Nafarroako Ituna (1988): *Acuerdo por la Paz y la Tolerancia*, urriaren 7a.

Ordóñez, Consuelo (2021): "No queremos ser también víctimas de la Paz", in Antonio Rivera eta Eduardo Mateo (eds.), *El movimiento de víctimas del terrorismo. El balance de una trayectoria*, Los Libros de la Catarata, Madril.

Pérez, Lourdes (2021): *Déjame que te cuente: memorias en el décimo aniversario del final de ETA*, Los Libros de la Catarata, Madril.

PP eta PSOE (2000): *Askatasunaren aldeko eta Terrorismoaren aurkako Ituna*, 2000ko abenduaren 8a.

Rivera, Antonio eta Mateo, Eduardo (eds.) (2022): *Transterrados. Dejar Euskadi por el terrorismo*, Los Libros de la Catarata, Madril.

Rivera, Antonio eta Sáez de la Fuente, Izaskun (2025): *Euskal gizartea: pluraltasuna pluralismorik gabe?*, Los Libros de la Catarata-DEUSTO, Madril.

Rodríguez, Jesús (2021): "Mujeres víctimas de ETA. La resistencia invisible", *El País*, urriaren 18a, https://n9.cl/jddch.

Rodríguez, Natividad eta Loza, Jesús (2021): "Repensar el movimiento de víctimas: retos y desafíos", in Antonio Rivera eta Eduardo Mateo (eds.), *El movimiento de víctimas del terrorismo. El balance de una trayectoria*, Los Libros de la Catarata, Madril.

RTVE (2023): "El Congreso rinde homenaje a las víctimas del terrorismo en ausencia de Vox y varias asociaciones y con Bildu", ekainaren 27a, https://n9.cl/axb1r.

Sáez de la Fuente, Izaskun eta Bermúdez, Ángela (2025): *Ez nire izenean: Bakearen Aldeko Koordinakundea indarkeriaren aurka*, Los Libros de la Catarata-DEUSTO, Madril.

Sáez de la Fuente, Izaskun; Bermúdez, Ángela eta Prieto, Jesús (2020): *La historización de la memoria. Balance de la experiencia de una comunidad de aprendizaje con personas jóvenes en Euskadi*, Deustuko Unibertsitatea, Bilbo.

Sáez de la Fuente, Izaskun eta Maqueda, Ayala (2024): *Patriarkatua eta motibazio politikoko indarkeriaren legitimazioa Euskadin*, Los Libros de la Catarata-DEUSTO, Madril.

Varona, Gema (2013): *Víctimas del terrorismo residentes en la CAPV. Desazón y esperanza en víctimas indirectas de asesinatos*, Euskal Herriko Unibertsitatea, Leioa.

Zarzalejos, Javier (2011): "El secuestro y asesinato de Miguel Ángel Blanco", Jornadas Secuestros y toma de rehenes por parte de grupos terroristas: prevención y respuestas, Fundación Manuel Giménez Abad de Estudios Parlamentarios y del Estado Autonómico.